FUORI SCENA

Raccontiamo quello che non si vede

ALBERTO SARAVALLE
CARLO STAGNARO

Capitalismo di guerra

FUORI SCENA

FUORI SCENA

Published by arrangement with The Italian Literary Agency

ISBN 979-12-225-0054-6
Prima edizione: aprile 2025

Sommario

Ai nostri figli e al nuovo nipote Walter,
fiduciosi che sapranno rimediare agli errori
della nostra generazione,
che oggi mettono a rischio la pace

«In un modo soltanto possiamo agire su queste correnti nascoste: mettendo in moto quelle forze dell'educazione e dell'immaginazione che cambiano l'*opinione*. Affermare la verità, svelare le illusioni, dissipare l'odio, allargare e educare il cuore e la mente degli uomini: questi i mezzi necessari.»

John M. Keynes, *Le conseguenze economiche della pace*

Questo libro

La guerra è uscita dagli schermi televisivi ed è entrata nella nostra quotidianità. La troviamo dove uno meno se la aspetterebbe. Un contratto di acquisizione concluso tra due delle principali società italiane nella primavera del 2024, per esempio, contiene una clausola che consente il recesso se scoppia un conflitto che può coinvolgere l'Italia. Per la precisione, il riferimento è all'art. 5 del Trattato Nato, che prevede l'obbligo di assistenza al Paese aggredito, con le modalità ritenute necessarie nelle circostanze, «compreso l'uso della forza armata». Fino a poco tempo fa, queste clausole, utilizzate nei Paesi in cui sono frequenti scontri armati o guerre civili, sarebbero state impensabili nell'Unione europea. Evidentemente non è più così, perché di guerra si parla ormai ovunque, apertamente e con una leggerezza che lascia sgomenti.

L'invasione russa in Ucraina nel febbraio 2022 ha costituito una svolta epocale, una *Zeitenwende* come l'ha definita il cancelliere tedesco Olaf Scholz nel celebre discorso al Bundestag (il parlamento tedesco) del 26 febbraio 2022. Sono caduti i tabù che non consentivano di parlare di guerra in Europa e oggi se ne discute non solo nei termini di una possibilità, ma addirittura come un'opzione praticabile. Il premier polacco Donald Tusk (già presidente del Consiglio europeo tra il 2014 e il 2019), per esempio, ha affermato che «dobbiamo abituarci mentalmente all'arrivo di una nuova era. È l'era prebellica». Il segretario generale della Nato, Mark Rutte, ha detto: «Non siamo in guerra ma nemmeno in pace».

Anche i leader dell'Unione europea – un'organizzazione nata sulle ceneri del Secondo conflitto mondiale per riportare e rendere permanente la pace in Europa – hanno usato parole inequivocabili, che fanno presagire una situazione di imminente pericolo. La presidente della Commissione, Ursula Von der Leyen, ha lanciato più di un avvertimento in tal senso («la minaccia di una guerra può non essere imminente, ma non è impossibile»; «i rischi di una guerra non dovrebbero essere esagerati, ma bisogna prepararsi»). L'ex presidente del Consiglio europeo, Charles Michel, ai margini di una riunione dei Capi di Stato e di governo dei 27 Paesi aderenti dedicata alla sicurezza e difesa europee, ha sostenuto che dovremmo passare in una modalità di «economia di guerra», riprendendo la nota locuzione (utilizzata, tra gli altri, da Cicerone nella settima *Filippica*) «se vogliamo la pace, dobbiamo prepararci alla guerra». Sembra passato un secolo, ma sono trascorsi solo tredici anni da quando (era il 2012) all'Unione europea fu assegnato il premio Nobel per il ruolo svolto dalle sue istituzioni, non solo nel mettere fine all'antica conflittualità tra Francia e Germania, ma più in generale nel promuovere la pace nel continente: crisi economiche e disordini sociali, che in passato avevano dato origine a conflitti politici e militari in Europa – si disse allora – erano inconcepibili adesso soprattutto grazie all'Ue. È ancora così?

La presentificazione di questi rischi ha comportato, in molti Stati europei, l'apertura del dibattito circa l'opportunità di ristabilire la leva obbligatoria che, con la fine della guerra fredda, era stata per lo più eliminata. Particolarmente esplicito è stato il ministro della Difesa tedesco, Boris Pistorius, che si è ripromesso di presentare a breve proposte di nuove forme di servizio militare obbligatorio, ritenendo che la Germania debba essere in grado di affrontare una guerra entro il 2029. Ma anche altri leader europei, come l'ex primo ministro inglese Rishi Sunak e la premier danese Mette Frederiksen (che ha ipotizzato l'estensione della coscrizione alle donne), si sono pronunciati in questo senso. In Italia, lo ha fatto Matteo Salvini.

Tutti i nati dopo l'inizio degli anni Ottanta – poco più del 45 per cento della popolazione italiana – sono cresciuti dando per scontato che avrebbero potuto svegliarsi un mattino e prendere un aereo praticamente per qualsiasi destinazione, senza ostacoli e seri pericoli. Oggi la lista dei Paesi coinvolti in operazioni belliche o esposti ad attentati terroristici si allunga sempre di più e contribuisce a generare quel senso di insicurezza che spiega il nostro atteggiamento collettivo.

Il rischio di guerra condiziona anche la politica economica (sia per quanto attiene alla politica industriale sia per quella commerciale). Ciò è particolarmente evidente nei Paesi coinvolti nei conflitti armati, come la Russia, dove l'intero sistema produttivo nazionale è stato rapidamente adattato alle esigenze belliche (armamenti, altre forniture a sostegno della guerra, mantenimento dell'esercito, eccetera) che vengono anteposte a ogni altra necessità. Quando scoppia un conflitto, lo Stato prende il sopravvento sulla società civile: i fini degli individui passano in secondo piano rispetto a quelli della collettività, in più di un senso. Comportamenti prima permessi vengono visti con sospetto, sottoposti a vincoli o addirittura vietati (per esempio, commerciare con imprese straniere o scambiare prodotti suscettibili anche lontanamente di utilizzi militari). La stessa organizzazione della società cambia in modo talvolta traumatico: ai lavoratori viene ordinato di svolgere mansioni diverse da quelle consuete, alle imprese di produrre beni differenti perché utili allo Stato o alle forze armate, ai consumatori di rinunciare ai loro prodotti preferiti – perché vengono dall'estero o perché servono allo Stato – e di sostituirli con dei succedanei. In un'economia di guerra, il benessere sociale perde importanza e le ambizioni dei singoli possono addirittura diventare una minaccia per lo Stato: tutti, insomma, anche quelli che non indossano l'uniforme, devono metaforicamente marciare al passo dell'oca.

Così funzionano le cose in tempo di guerra. Ma oggi anche molti Stati che non sono direttamente toccati dai conflitti – ove non si può dunque parlare di economia di guerra in senso stretto – stanno comunque adattando il proprio sistema economico, incrementando le spese per la difesa, differenziando le forniture di materie prime e fonti energetiche, accorciando le catene di approvvigionamento per riportarle in patria o in Paesi ritenuti affidabili (si parla, al riguardo, di *friendshoring* o *de-risking*) ed esercitando un più stretto controllo sugli investimenti esteri e sulle società di Paesi ritenuti potenzialmente ostili. Anche in questi contesti, i diritti degli individui, seppure non siano compressi in misura comparabile, sono comunque sottoposti a limiti che in periodo di pace non hanno ragione di esistere. Per esempio, le restrizioni al commercio internazionale si estendono ai prodotti che solo indirettamente possono essere impiegati a scopi bellici e gli scambi con (o gli investimenti da) soggetti esteri vengono sottoposti a uno scrutinio speciale anche quando riguardano Paesi «amici». Più in generale, la pervasività dell'intervento pubblico aumenta, anche attraverso un aumento della spesa pubblica e della quota di Pil intermediata dal governo.

Sebbene l'economia di guerra sia molto diversa da quella in tempo di pace, il passaggio dall'una all'altra non avviene quasi mai attraverso una cesura secca: è spesso una transizione graduale che si realizza attraverso piccole modifiche, ciascuna delle quali apparentemente sensata e giustificabile. Ma che, viste in retrospettiva, finiscono per innescare cambiamenti più profondi e forse persino preterintenzionali nel funzionamento e negli obiettivi della nostra società.

L'esempio più eclatante è certamente fornito dall'impennata delle spese militari. Dopo decenni durante i quali il target della Nato di raggiungere spese per la difesa pari ad almeno il 2 per cento del Pil appariva come una mera dichiarazione d'intenti, il vento è cambiato: Donald Trump chiede di portarlo addirittura al 5 per cento, pena il ritiro dell'America dal Patto Atlantico. Secondo l'ultimo rapporto Nato, nel 2024 l'obiettivo del 2 per cento è stato raggiunto da ben 23 Stati membri su 31 (nel 2014, prima dell'invasione russa della Crimea, erano appena tre). Inoltre, per la prima volta il pilastro europeo dell'Alleanza ha superato nel suo complesso il 2 per cento (contro l'1,7 per cento del 2022). L'Italia è uno dei pochi ad avere mancato il target; anzi, insieme alla Slovenia, è l'unico ad essersene un po' allontanato, seppure in misura impercettibile, visto che la spesa per la difesa nel 2024 è scesa all'1,49 per cento (dall'1,50 per cento del 2023). Anche Paesi come il Giappone e la Corea del Sud aumentano la spesa per gli armamenti a livelli record, un po' per timore di non farsi cogliere alla sprovvista, un po' per lanciare un segnale inequivocabile a chi dovesse farsi strane idee. Per non dire delle autocrazie, come la Cina, che nella spesa militare (e nella sua evidenza) trovano, contemporaneamente e non da oggi, un fattore di identità e uno strumento di controllo sociale.

Non stupirà nessuno, pertanto, l'espansione che i settori dell'aerospazio e della difesa stanno conoscendo: nel 2023 l'industria ha registrato un fatturato globale di 829 miliardi di dollari, con utili in crescita dell'11 per cento. Sarebbe in fondo confortante pensare che sia solo una questione di soldi, che queste politiche sempre più bellicose siano il risultato di un'efficace azione lobbistica dell'industria delle armi che cerca di approfittare della situazione globale. Forse, anzi sicuramente, c'è anche questo, ma in misura tutto sommato limitata: non siamo di fronte al mero tentativo di un gruppo di interesse di mettere le mani sui forzieri pubblici. La simultaneità con cui questi fenomeni si stanno verificando e la loro diffusione in tutto il mondo ci dicono chiaramente che lo spirito dei tempi sta mutando.

Un altro significativo esempio di come attualmente la guerra influenzi le scelte economiche degli Stati è rappresentato dalla politica energetica adottata dall'Unione europea nei mesi successivi all'invasione russa dell'Ucraina. Questo è sempre stato un settore caratterizzato da pervasivi interventi pubblici, legati sia alla sicurezza nazionale, sia (e sempre più) agli impatti ambientali. Tuttavia, nel corso del 2022 abbiamo osservato – non solo in Europa – una rapida escalation di queste politiche. Gli Stati membri e la stessa Unione europea sono infatti scesi direttamente in campo con l'obiettivo dichiarato di accelerare l'emancipazione dalle forniture russe di gas che fino al 2021 coprivano circa il 40 per cento dell'import europeo. Oltre a svolgere una intensa attività diplomatica con altri Paesi produttori, Bruxelles ha favorito la creazione di una piattaforma comune per gli approvvigionamenti e ha introdotto obblighi, incentivi e tasse per finanziare la realizzazione di impianti alimentati a fonti rinnovabili, interventi per l'efficienza energetica e nuove infrastrutture per l'importazione di gas o il trasporto transfrontaliero di energia elettrica. Al di là dell'efficacia dei singoli provvedimenti, quello che per ora preme evidenziare è come i governi e la Commissione abbiano voluto riprendere le redini della politica energetica per indirizzare gli investimenti in modo preciso (anziché lasciare agli operatori privati le concrete scelte di investimento). Proprio come accadrebbe in un contesto bellico, in cui gli Stati assumono decisioni talora inefficienti, ma che si giustificano con l'esigenza prioritaria di assicurarsi in ogni caso gli approvvigionamenti. La sicurezza è così diventata la stella polare delle politiche europee, quasi scalzando per un certo periodo la decarbonizzazione, che pure ne rimane il principale obiettivo di lungo termine.

Analogamente, l'Unione europea e gli Stati membri hanno messo in atto numerosi interventi finalizzati ad assicurare la certezza delle forniture di beni e materie prime «critici» anche in caso di guerra. Ancora una volta, non ci interessa stabilire se questi interventi siano efficienti dal punto di vista economico o se abbiano funzionato in concreto. Ciò che rileva è che le istituzioni europee e i governi nazionali si sono sentiti in obbligo di intervenire per prevenire una possibile interruzione di lunga durata delle forniture a causa di fattori imprevedibili, come appunto un conflitto. Di qui le numerose iniziative finalizzate a ridisegnare a tavolino le filiere «strategiche», limitando la dipendenza da Paesi «ostili» e consolidando i legami commerciali con quelli «vicini» o «amici» (usiamo le virgolette perché tutti questi termini sono inevitabilmente vaghi e scarsamente traducibili in indicazioni operative, e questo, come vedremo, è uno dei problemi). Analogamente vi è stata una forte spinta verso una sorta di impossibile autarchia delle materie prime: l'Europa, che negli ultimi anni aveva reso sempre più difficile lo sfruttamento delle risorse minerarie, con un repentino *revirement*, ha iniziato a incentivare la ricerca di materie prime nel sottosuolo. In alcuni casi ciò può essere ragionevole – dal momento che erano eccessivamente restrittivi i limiti previgenti – ma colpisce che questo cambio di policy non sia motivato da una rivalutazione dei pro e contro di quei vincoli, bensì dalla convinzione che dobbiamo divenire indipendenti in quelle filiere da cui dipende il funzionamento della nostra economia. Cioè – e non è una battuta – in pressoché tutte le filiere.

I venti di guerra condizionano, infine, la regolamentazione delle relazioni economiche internazionali. L'obiettivo dichiarato degli Stati è di consolidare, a qualunque costo, la propria posizione sullo scacchiere internazionale, nell'eventualità di futuri conflitti, contrastando al tempo stesso la crescita delle potenze percepite, a torto o ragione, come ostili. Così ogni giorno si adottano misure, sempre più invasive e discrezionali, volte a mantenere o ad assicurare la sovranità tecnologica, controllare gli investimenti esteri, monitorare i flussi di dati e l'accesso dei terzi alle piattaforme online, proteggere le imprese dalla concorrenza straniera e creare campioni nazionali a forza di sussidi. In questo modo, però, si ingenera un pericoloso circolo vizioso: i timori di guerre future inducono a intraprendere politiche che a loro volta incrementano la conflittualità e che possono rapidamente degenerare.

Purtroppo, la storia ci insegna che dalle guerre economiche a quelle belligeranti il passo è breve. I conflitti armati sono spesso preceduti da lunghi periodi in cui gli Stati si confrontano anche sul piano economico e cresce la tensione a forza di provocazioni, sgarbi reciproci e atti unilaterali. Ed è esattamente quanto sta accadendo non solo tra competitor strategici, come Stati Uniti e Cina, ma anche tra alleati nell'asse occidentale e perfino tra Stati appartenenti all'Unione europea. Non che questo solo possa portare a un conflitto armato, ma è un pericoloso ingrediente di un equilibrio globale sempre più instabile. Invece di lavorare per ripristinare condizioni di sicurezza e cooperazione, tutti utilizzano le presunte scorrettezze altrui per giustificare le proprie. Si combattono guerre a suon di dazi, sussidi, divieti di esportazione, controlli sugli investimenti esteri (e talora anche verso l'estero). Tutto ciò crea una miscela esplosiva che può dar luogo, da un momento all'altro, a una irreparabile esplosione. Basta una piccola scintilla causata da una improvvida reazione all'ennesima «provocazione».

Le dichiarazioni dei vari leader, in risposta alle reciproche misure economiche di contenimento o rappresaglia, si sono andate infiammando, superando più di una volta la soglia di sicurezza. Il presidente Xi Jinping ha, per esempio, accusato gli Stati Uniti di attuare una politica di «contenimento, accerchiamento e soppressione» che mette a rischio lo sviluppo della Cina. L'ex inquilino della Casa Bianca, Joe Biden, ha replicato accusando Pechino di barare nella politica commerciale e di realizzare attacchi cyber e spionaggio industriale a danno delle imprese statunitensi. Il nuovo presidente Trump non è certo famoso per la continenza verbale (come ha dimostrato fin dai primi giorni del suo insediamento, quando ha minacciato Panama e la Groenlandia). I rischi di escalation vengono largamente sottovalutati perché l'attitudine prevalente è di rafforzare la propria sovranità economica a ogni costo.

C'è un profondo cambiamento culturale in atto: il periodo postbellico, nonostante la divisione in blocchi, è stato dominato dalla convinzione che l'interdipendenza economica sia un fattore di stabilità e in ultima analisi di pace. Ovviamente nessuno si illudeva che non ci fossero più guerre, ma vi era la fondata convinzione che, costruendo una fitta rete di scambi che ci rendevano economicamente interdipendenti, sarebbero divenute più costose e dunque meno probabili. I fatti lo hanno confermato. Oggi, invece, nel dibattito pubblico questa tesi viene dipinta come una illusione da anime belle. Quando il gioco si fa duro, i duri iniziano a giocare: basta con le chiacchiere sulla dipendenza reciproca, meglio che ciascuno faccia per sé. In questo libro cercheremo di spiegare perché tale atteggiamento rischia di consegnarci un mondo non solo più povero, ma anche più pericoloso.

Fino a qualche anno fa, le politiche sovraniste e populiste erano portate avanti solo da minoranze rumorose, che le usavano come una clava per attaccare i governi in carica, contestando i principi dell'ordine economico liberale. Oggi sono divenute comuni e dominanti, non solo sul piano politico, ma anche su quello intellettuale. Con rare eccezioni, economisti di punta, maîtres à penser, esponenti di istituzioni internazionali, i media accettano, senza mai mettere in discussione, questa nuova prevalente narrazione che impone di subordinare le scelte economiche a considerazioni di geopolitica. Tutt'al più – ma è una questione di sfumature – vi è chi distingue tra *decoupling* (disaccoppiamento) e *de-risking* (riduzione del rischio).

Siamo tutti troppo coinvolti nella conflittualità quotidiana per vedere il quadro generale. Se solo un attimo ci soffermassimo a riflettere, ci renderemmo conto che siamo a bordo di un'auto che sta dirigendosi, ad alta velocità, verso un muro su cui rischia di schiantarsi. Ma il peggio è che anche tra chi ne è consapevole prevale una sorta di rassegnazione, un'accettazione dell'inevitabilità di queste politiche. È proprio così? Come mai siamo finiti in questa situazione nell'arco di pochi anni? Ma, soprattutto, come se ne esce? Queste sono le domande che ci siamo posti e alle quali cercheremo di dare risposta nei capitoli che seguono.

In questo libro forniremo una ricostruzione puntuale del contesto internazionale in cui ci troviamo, confrontando le modalità attraverso le quali le guerre economiche venivano condotte nel passato con quelle di oggi. Ci soffermeremo poi sui diversi campi di battaglia nei quali sono combattute (il commercio internazionale, i semiconduttori, le risorse energetiche, la transizione ecologica, le materie prime critiche, i mercati digitali, l'intelligenza artificiale) per illustrare l'oggetto delle contese e dar conto della effettiva gravità della situazione.

L'analisi delle cause di questo fenomeno ci impone di fare un passo indietro anzitutto per ricordare i principi fondamentali del commercio internazionale e i molteplici benefici che la globalizzazione ci ha portato. Per molti decenni abbiamo vissuto e prosperato con una certa idea di economia che ha portato, in poco tempo, oltre un miliardo di persone fuori dalla povertà. Tutto ciò sembrava preludere a una nuova fase nella storia dell'umanità. Poi il mondo è rapidamente cambiato: l'ordine economico internazionale è apparso fragile (se non addirittura fallimentare), si sono moltiplicati gli attacchi alla globalizzazione e queste misure bellicose hanno iniziato a proliferare. Le plurime crisi (finanziaria, pandemica, energetica) che si sono succedute nell'arco di pochi anni hanno certamente contribuito a modificare in tal senso l'opinione prevalente, ma non bastano da sole a spiegare un cambiamento così radicale e repentino. Questa trasformazione ha radici più profonde: riguarda tutti noi, dipende dal modo in cui leggiamo la realtà e in cui reagiamo.

In queste pagine raccontiamo quali cambiamenti strutturali stia comportando questo nuovo paradigma, che potremmo definire «capitalismo di guerra», che coniuga un ruolo molto più assertivo dello Stato nell'economia, sul piano interno, e una politica aggressiva in nome della sovranità strategica, sul piano esterno. È un processo irreversibile o potremo sperare in un nuovo ordine economico internazionale? Forse non c'è una risposta definitiva a questa domanda, ma siamo convinti che ricostruire la strada che abbiamo percorso e mutare la narrazione prevalente sia indispensabile per poter ambire a voltare pagina.

Questo libro va in stampa il 25 febbraio 2025, tutte le informazioni qui riportate sono da considerarsi aggiornate alla data suddetta.

Guerre economiche, ieri e oggi

Guerre coloniali, commerciali, valutarie e per il controllo dei mercati

Così come i conflitti armati, anche le guerre economiche ci sono sempre state. Per molti secoli, la competizione tra le principali potenze europee per il predominio sul piano economico si è svolta soprattutto cercando l'espansione su territori lontani al fine di appropriarsi (prima di, e a danno dei, Paesi rivali) di risorse naturali, prodotti agricoli, terreni coltivabili, forza lavoro e aprire nuovi mercati. Inevitabilmente, la linea di demarcazione tra rivalità economica e guerra era molto sottile e spesso la competizione sfociava in conflitti armati per la conquista dei possedimenti coloniali altrui o per insidiare i traffici mercantili. Per un certo periodo, furono per esempio frequenti le scorrerie a danno delle navi e delle colonie nemiche a opera dei corsari, che agivano su espresso incarico dei loro governi.

I conflitti più comuni sono però sempre stati di natura commerciale, in conseguenza di politiche protezionistiche o altre misure volte a limitare o distorcere i traffici mercantili. Queste, come tutte le altre politiche descritte in seguito, sono tradizionalmente denominate *beggar-thy-neighbour* (impoverisci il tuo vicino) per indicare che spesso gli Stati cercano di risolvere i propri problemi a danno degli altri (si parla anche di politiche «rubamazzo»). Dazi, tariffe o altre barriere all'ingresso sono stati usati prevalentemente in chiave difensiva, per proteggere i propri mercati dalle importazioni estere; a volte, però, sono stati utilizzati a scopo ritorsivo, per colpire l'economia dei Paesi ostili. Anche in questi casi, talora, lo scontro dal piano commerciale è passato a quello militare. Così, per esempio, è accaduto per le guerre anglo-olandesi nel XVII e XVIII secolo e per le cosiddette guerre dell'oppio tra Cina e potenze occidentali nella seconda metà del XIX secolo. Limitandoci al secolo scorso, la principale controversia scoppiò nel 1930, quando gli Stati Uniti, con lo Smoot-Hawley Tariff Act, incrementarono i dazi su circa ventimila prodotti, causando una ritorsione immediata dei principali partner commerciali che finì per danneggiare gravemente l'economia statunitense. E, anzi, tale politica è considerata una delle principali ragioni per cui la recessione di fine anni Venti si trasformò in una Grande Depressione che durò per tutto il decennio successivo. Nei due anni successivi all'adozione dei dazi, l'import statunitense crollò del 40 per cento (almeno un quarto di tale calo è direttamente attribuibile alla normativa in questione). Il dato interessante è che non solo si contrassero di circa il 30 per cento le esportazioni verso i Paesi che adottarono misure ritorsive, ma anche quelle verso nazioni che si limitarono a formali proteste si ridussero del 20 per cento. Infine – sempre nel periodo tra le due guerre mondiali – va ricordato il conflitto commerciale tra Inghilterra e Irlanda, svoltosi tra il 1932 e il 1938, che ha arrecato seri danni all'economia di quest'ultimo Paese.

Nel tempo, prima gli economisti e poi anche (almeno in parte) i politici convennero che le guerre commerciali facevano male non solo alle «vittime», ma pure agli «aggressori». È anche per questo che, nel secondo dopoguerra, quando si trattò di stabilire il nuovo ordine economico internazionale, si tentò di mettere dei limiti a tali pratiche. La firma del General Agreement on Tariffs and Trade (GATT) nel 1947 e quindi l'istituzione dell'Organizzazione mondiale del commercio (OMC) nel 1995, avendo previsto una cornice istituzionale al cui interno dovevano svolgersi i negoziati multilaterali per la riduzione graduale delle tariffe e potevano essere risolte le controversie, hanno certamente ridotto (ma non escluso) la conflittualità. Ricordiamo, in tempi più recenti, la cosiddetta *chicken war* tra Europa e Stati Uniti negli anni Sessanta relativa agli allevamenti di polli in batteria, la disputa tra Stati Uniti e Europa iniziata a fine anni Ottanta sugli ormoni nella carne, la controversia di USA e Unione europea il Giappone per i diritti di riproduzione pubblica delle registrazioni audio negli anni Novanta, eccetera.

Le guerre valutarie – meno frequenti, ma non meno pericolose – consistono invece in svalutazioni competitive della propria moneta al fine di incrementare le esportazioni (migliorando la situazione della bilancia commerciale) e l'occupazione. Ovviamente, per converso, diventano più costose le importazioni. Dal momento che alcune merci e materie prime non sono sostituibili da prodotti interni, le svalutazioni hanno gravi ripercussioni sul potere d'acquisto dei cittadini: quanto più un'economia diventa complessa, tanto maggiore è l'impatto di questi fenomeni. Per questo se n'è fatto ricorso più raramente. Si ricordano, in particolare, le svalutazioni competitive degli anni Trenta effettuate da Stati Uniti, Regno Unito e Francia nel tentativo di stimolare le proprie economie colpite dalla crisi. Contrariamente alle attese, però, le forti oscillazioni nel corso delle valute contribuirono a ridurre ulteriormente gli scambi internazionali, già messi a dura prova dagli incrementi tariffari, arrecando gravi danni alle economie di quei Paesi. Turbolenze monetarie e svalutazioni si sono avute in Europa nel secondo dopoguerra, verso la fine degli anni Sessanta, tanto che fu allora che si iniziò a discutere dell'opportunità di dar vita a un'unione economica e monetaria che, a termine, comportasse l'adozione di parità fisse delle valute. Quello delle svalutazioni competitive è un metodo ben noto agli italiani, che ne hanno fatto ampio uso nei due decenni precedenti all'adesione all'euro, caratterizzati non a caso da livelli di inflazione che oggi considereremmo insopportabili: il record storico, raggiunto nel 1980, fu del 21,2 per cento.

Infine, si è parlato di guerra economica «silenziosa» anche per definire quell'insieme di attività promosse, direttamente o indirettamente, dagli Stati Uniti nel dopoguerra per far sì che le proprie imprese conquistassero i mercati europei e, più in generale, la leadership di settore. Non si trattava di politica industriale, nel senso tradizionalmente inteso nel Vecchio continente, né di maggiori finanziamenti o tecnologie disponibili. Come ha affermato Jean-Jacques Servan-Schreiber ne *La sfida americana* – celebre saggio pubblicato proprio in quegli anni –, a differenza dell'Europa gli Stati Uniti avevano una superiore capacità organizzativa, non solo sul piano manageriale, ma istituzionale e culturale, intendendo con ciò una stretta rete di rapporti tra mondi diversi, ma fortemente interconnessi, quali industria, finanza, università, difesa, centri di ricerca. E questo faceva la differenza.

Nuove guerre, nuove armi

Benché l'utilizzo di misure commerciali al fine di conseguire obiettivi strategici ed economici sia comune fin dall'antichità – si cita frequentemente l'esclusione dei cittadini di Megara dal mercato ateniese (e da quelli di tutte le *poleis* alleate) decretato da Pericle nel 432 a.C. – l'espressione «guerra economica», nella sua accezione corrente, è alquanto recente.

È solo dagli anni Novanta del secolo scorso, infatti, che tali fenomeni sono stati teorizzati e studiati come un settore a sé nell'ambito delle relazioni internazionali. Il primo autore a occuparsene in modo approfondito fu Bernard Ésambert, ex consigliere per gli affari economici del presidente francese Georges Pompidou, che nel 1991 pubblicò *La Guerre économique mondiale*. Il libro sosteneva la necessità di spostare sul piano economico la conflittualità politico-ideologica che, apparentemente, veniva meno con la fine della guerra fredda.

In altri termini, nel nuovo ordine internazionale che si stava configurando dopo la dissoluzione dell'Unione Sovietica, gli Stati dovevano cercare di consolidare il proprio posizionamento sul piano economico, conquistando con ogni mezzo i mercati esteri perché ciò si traduceva in crescita del Pil, occupazione e, in ultima analisi, potenza. La tesi – certamente controcorrente all'epoca, se si pensa che in quello stesso periodo era in gran voga *La fine della storia* di Francis Fukuyama che prevedeva una inevitabile e pacifica evoluzione verso la liberal-democrazia – ebbe una notevole influenza nel milieu politico-diplomatico e dell'intelligence francese. Fu dapprima commissionato un rapporto sull'*Intelligence economica e la strategia delle imprese* e nel 1997 venne addirittura istituita una École de Guerre Économique, un istituto di ricerca e formazione espressamente dedicato a queste tematiche.

Secondo questo approccio, rapidamente diffusosi anche oltreoceano, la competizione tra Stati si svolge oggigiorno prevalentemente sul piano economico e giustifica il ricorso a ogni mezzo: da quelli più «ordinari» e consueti (controlli degli investimenti diretti, restrizioni alle esportazioni di tecnologia, erogazione di sussidi o la creazione a tavolino di campioni nazionali, in barba alle regole di concorrenza) ad altri più odiosi, ma certamente non nuovi (sanzioni, embarghi, cartelli, l'utilizzo della leva finanziaria per esercitare indebita influenza sui Paesi in difficoltà economica, divieti e restrizioni alla mobilità di scienziati e personale altamente qualificato), fino a quelli ancora più estremi che, senza dubbio, costituiscono illeciti internazionali (spionaggio, sabotaggio, cyberattacchi, eccetera).

La competizione è a tutto campo: quel che conta è rafforzare l'apparato industriale e finanziario, detenere (o acquisire) le tecnologie più avanzate, conquistare i mercati di sbocco per le proprie merci, avere accesso alle materie critiche che condizioneranno lo sviluppo industriale nel futuro. In un mondo sempre più multipolare, il mantra è che ognuno deve fare per sé.

A questo si aggiungono, con crescente importanza, le guerre informative: la disinformazione è sempre stata uno strumento a cui i belligeranti hanno fatto ampiamente ricorso per alterare la percezione della realtà e trascinare l'opinione pubblica dalla propria parte. I sovietici, in particolare, sono sempre stati maestri di *disinformatija*. Oggi i social network hanno contribuito a rendere molto più efficaci queste «armi improprie», come confermano le fabbriche dei *troll* russe o le campagne pro Cina a Taiwan. Ma non sono solo loro: tutti ormai hanno introdotto iniziative analoghe nel proprio armamentario.

Non vogliamo sembrare anime candide: sappiamo bene che gli Stati hanno sempre mirato a consolidare il proprio posizionamento economico ricorrendo a ogni tipo di strumento, sin dai tempi più antichi. Nel passato (anche recente), però, queste guerre si mantenevano per lo più sottotraccia. Non che ciò le rendesse meno insidiose, ma si evitava così di esasperare la conflittualità. Inoltre, la differenza con la prassi attuale è sia quantitativa sia qualitativa: sono incrementate le occasioni di scontro e soprattutto sono cambiati la tipologia delle misure e il quadro giuridico di riferimento.

Armi improprie

Anzitutto, in questa nuova fase di accesa conflittualità internazionale, si fa spesso ricorso ad armi diverse da quelle tradizionalmente utilizzate nella competizione economica. Per descrivere questo fenomeno è entrato nell'uso corrente il termine *weaponization*, che sta a significare l'uso improprio – come arma appunto – che uno Stato fa della propria valuta, di una materia prima critica, di un'infrastruttura essenziale sulle quali possa esercitare il controllo più o meno incontrastato.

In senso letterale, il *Cambridge Dictionary* fa l'esempio dell'utilizzo di batteri quali armi non convenzionali per uccidere o comunque causare una epidemia ai danni del nemico. In senso figurato – com'è per le guerre economiche – si pensi al caso delle esportazioni di risorse energetiche, come il petrolio o il gas, che possono diventare uno strumento per condizionare la politica dei Paesi che ne necessitano.

La Russia per molto tempo ha potuto esercitare una notevole influenza su alcuni Stati dell'Ue (Germania in testa) facendo leva sulla loro pressoché totale dipendenza dalle proprie forniture di gas naturale. Situazione di cui vi era piena consapevolezza, ma che tutto sommato faceva comodo a Berlino perché poteva così contare su forniture sicure a prezzi contenuti. Tant'è che aveva sempre resistito alle forti pressioni americane per bloccare la costruzione del gasdotto Nord Stream 2, dando ascolto alle richieste, provenienti dal proprio mondo industriale, di mantenere il rapporto privilegiato con Mosca. Su questa dipendenza ha scommesso Putin, minacciando più volte la sospensione delle forniture per indurre i Paesi europei a non adottare misure particolarmente dure nei confronti della Russia a seguito dell'invasione della Crimea, prima, e dell'Ucraina, poi. Scommessa vinta nel caso della Crimea e clamorosamente persa con l'Ucraina, ma questa è un'altra storia, di cui parleremo più avanti.

Quando si parla di *weaponization*, il pensiero corre subito inevitabilmente agli Stati Uniti, che di queste tecniche se ne intendono davvero. Assai più importante e certamente molto più fungibile del gas russo è il dollaro. La valuta statunitense fin dalla fine della Seconda guerra mondiale domina incontrastata la scena economica internazionale: sono, infatti, denominati in dollari il 58 per cento delle riserve estere delle banche centrali, il 65 per cento del debito in mani estere, il 56 per cento dei prestiti internazionali, e oltre il 40 per cento dei pagamenti effettuati sul circuito SWIFT (acronimo di The Society for Worldwide Interbank Financial Telecommunication). La FED (Federal Reserve System, la banca centrale degli Stati Uniti) ha realizzato un indice che tiene conto dell'utilizzo internazionale delle valute nei diversi impieghi e il dollaro si attesta attorno a un valore di 70 (su un massimo di 100), senza variazioni significative né trend visibili negli ultimi vent'anni, seguito dall'euro (poco sopra 20 punti). I prezzi delle materie prime, per esempio, sono per lo più stabiliti in dollari. Sicché non si può farne a meno. Il risultato è che le autorità statunitensi sono in grado di condizionare gli altri Stati minacciando di inibire loro l'accesso alla propria valuta, bloccando i pagamenti o congelando le riserve valutarie in dollari. Insomma, l'armamentario che abbiamo visto utilizzare in questi anni prima contro l'Iran e poi contro la Russia.

Non sul solo dollaro si fonda il predominio statunitense. Un recente avvincente libro (*Underground Empire*) di due professori americani, Henry Farrell e Abraham Newman, ha messo in luce come gli Stati Uniti, in un mondo sempre più interdipendente, si avvalgano del controllo di infrastrutture essenziali per i flussi informativi e finanziari, o di tecnologie di ultima generazione per mantenere la propria posizione di leadership. Gli esempi sono molteplici e, per certi versi, sorprendenti perché ci rivelano che, nonostante si tratti di reti transfrontaliere o prodotti a larga diffusione internazionale, esistono alcuni colli di bottiglia che danno agli USA una posizione di indiscusso vantaggio. La maggior parte del traffico di internet, per esempio, passa per la cittadina di Ashburn in Virginia e ciò ha consentito al governo americano di sorvegliare le comunicazioni (come fu rivelato a suo tempo da Edward Snowden). SWIFT è il sistema di messaggistica finanziaria attraverso il quale viene effettuata gran parte dei trasferimenti finanziari tra banche. L'esclusione dal sistema dell'Iran decisa dagli USA per impedire lo sviluppo del programma nucleare, una prima volta nel 2012 e una seconda volta nel 2018, ha messo in ginocchio l'economia di quel Paese (le esportazioni sono crollate del 75 per cento). Seppure in modo meno pervasivo, il meccanismo si è ripetuto nel 2022, quando sette banche russe furono escluse dal sistema internazionale di pagamenti. Infine, quando Huawei ha cercato di sviluppare un sistema di 5G che, nel corso del tempo, avrebbe potuto divenire un'infrastruttura critica alternativa – suscettibile di essere utilizzata in futuro come arma impropria dalla Cina – gli Stati Uniti si sono avvalsi di un'oscura norma di diritto della proprietà intellettuale per impedirle non solo di acquistare semiconduttori americani, ma anche quelli di società straniere che erano licenziatarie o comunque utilizzavano brevetti o altri prodotti di origine statunitense.

Come vedremo più dettagliatamente nel prossimo capitolo, anche il commercio internazionale è stato ampiamente *weaponized* in questi anni. Gli interventi dei governi per distorcere i traffici commerciali per scopi che vanno ben al di là della mera politica commerciale ormai non si contano più: sanzioni, sussidi, normative per riportare sotto controllo le *supply chains*, misure unilaterali utilizzate a scopo ritorsivo nei confronti di Stati che hanno preso posizioni politiche non gradite (per esempio dichiarazioni su Taiwan, sulle origini del Covid, eccetera).

In questo ambito, lo stesso accesso al proprio mercato può essere utilizzato come un'arma impropria. La Cina ha circa un miliardo e quattrocento milioni di consumatori con una classe media in continua e rapida crescita su cui contano le imprese straniere. Eventuali limitazioni alle importazioni provenienti da Paesi ostili possono avere un forte impatto su singole imprese o industrie. Così è avvenuto, per esempio, per il salmone norvegese, bandito dopo l'assegnazione del Premio Nobel per la pace nel 2010 al dissidente Liu Xiaobo. Non è un caso che la Germania, consapevole dell'importanza del mercato automobilistico cinese, in questi anni abbia sempre cercato soluzioni di compromesso per non irritare Pechino. Anche l'Europa offre l'accesso a un mercato di 450 milioni di consumatori con una elevata propensione alla spesa che fa certamente gola. Finora, quest'arma è stata utilizzata prevalentemente per affermare la *Weltanschauung* europea, consentendo all'Ue di affermarsi come potenza regolatoria. Ma, di questi tempi, c'è da attendersi che anche l'Unione si decida a giocare questa partita per ragioni geopolitiche.

Da ultimo, merita segnalare che oggigiorno perfino la corruzione può divenire un'arma impropria utilizzata strategicamente nella competizione tra Stati. Un interessante articolo pubblicato nel 2020 su «Foreign Affairs» (*The Rise of Strategic Corruption* di Philip Zelikow, Eric Edelman, Kristofer Harrison e Celeste Ward Gventer) ha illustrato una serie di casi nei quali Russia, Cina e Turchia si sono avvalse di questo strumento per esercitare indebite influenze con obiettivi eminentemente politici (indebolire le democrazie occidentali ed estendere il controllo politico ed economico della Cina su alcuni Stati dell'Asia e dell'Africa). È significativo, a questo riguardo, che Trump, appena giunto alla Casa Bianca, abbia firmato un ordine esecutivo per sospendere l'applicazione della rigorosa normativa statunitense sui casi di corruzione internazionale, ripromettendosi di rimuovere molti vincoli alle imprese.

Dalla difesa all'attacco

Un'ulteriore caratteristica delle moderne guerre economiche è che gli strumenti vengono utilizzati sempre più spesso in ottica offensiva. Nel passato, almeno a parole, non era così. I dazi doganali servono a limitare le importazioni e quindi a proteggere i produttori nazionali di beni concorrenti o fungibili oltre che la manodopera locale. I controlli sugli investimenti esteri vogliono evitare che imprese «strategiche» finiscano in mano a investitori stranieri (si vuole proteggere l'occupazione, mantenere il know-how, evitare una desertificazione del tessuto industriale, eccetera). I sussidi rafforzano le proprie imprese o comunque attirano investimenti nel territorio.

Il che è naturale, dal momento che il potere regolatorio dello Stato è in linea di principio volto a proteggere i propri cittadini, mercati e, più in generale disciplinare le fattispecie che si svolgono nel territorio nazionale. Si è eccezionalmente ammessa, nella prassi internazionale, l'applicazione extraterritoriale delle leggi – per disciplinare, cioè, fatti o atti verificatisi all'estero – ma solo in quanto tali fatti o atti producono effetti nel territorio nazionale. È questo il caso delle leggi antitrust: se due imprese extraeuropee concludono nel loro Paese un accordo anticoncorrenziale che esplica i propri effetti anche nell'Ue (dove vengono venduti i prodotti oggetto dell'intesa), sono sanzionabili a norma dell'art. 101 del Trattato sul funzionamento dell'Unione europea. Analogamente, se due imprese extraeuropee, attive anche sul mercato europeo, avviano un processo di fusione, questo deve essere valutato anche dalla Commissione europea per i suoi potenziali effetti anticoncorrenziali all'interno dell'Unione. È così che l'Ue ha potuto bloccare l'acquisizione di Honeywell da parte di General Electric nel 2001 (sebbene entrambe le società coinvolte fossero americane).

Gli Stati Uniti hanno spesso avuto un approccio abbastanza aggressivo da questo punto di vista, pretendendo l'applicazione extraterritoriale delle proprie leggi. In materia di valori mobiliari, per esempio, questa è la prassi da decenni, ma non ha mai comportato soverchie reazioni in quanto è comprensibile l'esigenza di tutelare i propri investitori e preservare l'integrità dei mercati. Qualche volta, però, l'obiettivo è schiettamente politico e mira a colpire Stati nemici. Per esempio, nel 1981 il presidente Ronald Reagan impose delle sanzioni per impedire non solo alle società americane, ma anche a quelle europee che utilizzavano, su licenza, tecnologia americana, di partecipare alla costruzione del gasdotto transiberiano che doveva trasportare il gas russo dalla Siberia alla Germania. In tempi più recenti, fu inibito alle banche americane, alle loro filiali estere e, più in generale, a tutti gli istituti finanziari che comunque operavano negli Stati Uniti (praticamente l'intero sistema finanziario globale) di mantenere rapporti con l'Iran, applicando pesanti sanzioni alle banche europee e asiatiche che violavano il divieto.

Si è trattato di *causes célèbres* che hanno dato origine a molteplici controversie, ma in situazioni tutto sommato eccezionali. Negli ultimi anni, invece, queste tecniche legislative ostili stanno diventando sempre più comuni e, al tempo stesso, bellicose. Diverse leggi di nuova generazione, infatti, dichiaratamente vogliono pregiudicare le imprese di Paesi considerati ostili, limitando gli investimenti nel loro capitale, impedendone l'accesso a tecnologie d'avanguardia ed escludendole da mercati lucrativi. Il che – come si può immaginare – dà luogo a ritorsioni e ingenera un'accesa conflittualità.

Un chiaro esempio di queste normative è rappresentato dall'ordine esecutivo, emanato nell'agosto 2023 dal presidente Joe Biden, che prevede l'adozione di un programma per obbligare le *US Persons* (termine che si presta a un'ampia interpretazione comprendente sia gli individui sia le persone giuridiche che abbiano anche un tenue collegamento con gli Stati Uniti) a chiedere l'autorizzazione per effettuare investimenti in Cina nei settori dei semiconduttori e della microelettronica, delle tecnologie di informazione quantistica e dell'intelligenza artificiale. L'obiettivo è chiaramente di impedire che capitali americani contribuiscano allo sviluppo di tecnologie suscettibili di essere utilizzate nel settore militare o dell'intelligence, ovvero a scopo di sorveglianza. Il regolamento attuativo, presentato dal Dipartimento del Tesoro, è stato infine adottato nell'ottobre 2024 ed è entrato in vigore il 2 gennaio 2025. La normativa prevede un divieto tout court per alcune operazioni (per esempio *quantum computing*, applicazioni militari dell'IA, certi semiconduttori), mentre altre sono soggette ad autorizzazione.

Sempre al fine di scoraggiare gli investimenti in Cina (o in altri Stati ritenuti pericolosi come Iran, Russia, Corea del Nord), nel novembre 2023, i senatori Bob Casey e Rick Scott hanno presentato un disegno di legge per imporre ai fondi di private equity di comunicare, alla Securities and Exchange Commission (l'autorità di controllo del mercato finanziario statunitense) e quindi al mercato, gli investimenti effettuati in quei Paesi.

L'Unione europea non vuole essere da meno: il 24 gennaio 2024 ha pubblicato un Libro bianco sugli investimenti in uscita (*outbound investments*) con il quale ha avviato una consultazione sull'opportunità di introdurre un sistema di controlli in materia. E, nel gennaio 2025, ha adottato una raccomandazione con la quale invita gli Stati membri a raccogliere informazioni sugli investimenti in uscita e valutarne i rischi attraverso un apposito monitoraggio. Ormai anche l'Ue si è convertita alla narrazione della necessità di sicurezza economica e si attrezza per giocare la propria partita in queste guerre economiche al pari degli Stati Uniti.

Un quadro giuridico incerto

Tutto ciò contribuisce a creare un quadro giuridico assai incerto. Nelle guerre economiche, infatti, conta di gran lunga più l'interesse nazionale che la *rule of law* (lo Stato di diritto). E così, gli Stati si sentono legittimati, in nome della sicurezza economica, a non rispettare nemmeno principi consolidati di diritto internazionale. Il che inevitabilmente impatta sulla crescita: se gli agenti economici non si fidano del contesto in cui operano, saranno ovviamente più restii a commerciare con operatori stranieri o investire all'estero.

Nel caso dei dazi sull'acciaio e l'alluminio imposti da Trump nel 2018 (ma mantenuti dall'amministrazione Biden) nei confronti di Cina, Turchia, Norvegia e Svizzera, gli Stati Uniti si sono giustificati sostenendo che era una questione di sicurezza nazionale (che, come tale, ricadeva nell'eccezione stabilita dall'art. 21 del Trattato del GATT del 1994). I Paesi colpiti dai dazi hanno fatto ricorso dinanzi all'apposito Panel dell'Organizzazione mondiale del commercio, ma gli Stati Uniti hanno contestato il diritto di quest'ultimo di valutare cosa legittimamente possa essere considerata una questione di sicurezza nazionale. Tuttavia, l'organo, seguendo un proprio precedente, ha dato torto agli USA. Fin qui, siamo nella fisiologia. L'aspetto patologico sta nel fatto che l'amministrazione Biden ha prontamente dichiarato che non aveva alcuna intenzione di revocare i dazi incriminati, rivendicando il diritto di stabilire discrezionalmente cosa rappresenti una questione di sicurezza nazionale e contestando alla base il sistema giurisdizionale previsto dall'OMC.

Sintomatico è anche il caso di cui si è a lungo discusso della possibile confisca e trasferimento all'Ucraina dei circa 300 miliardi di asset finanziari russi congelati in Europa dopo l'invasione del febbraio 2022 (o quanto meno dei profitti nel frattempo generati da tali beni) ovvero, più semplicemente, del loro utilizzo come collaterale per prestiti all'Ucraina. È indubbio che la Russia abbia commesso gravissime violazioni del diritto internazionale e, politicamente, la confisca dei beni congelati sembra una risposta adeguata ad assicurare la continuità del supporto economico all'Ucraina e l'adempimento della Russia ai futuri obblighi di riparazione. Ma, sul piano giuridico, tale opzione unilaterale si presta a notevoli obiezioni, anzitutto perché gli Stati godono, secondo un consolidato principio di diritto internazionale consuetudinario, di immunità dalla giurisdizione – immunità che riguarda anche i beni detenuti dalle banche centrali. La confisca o l'utilizzo quale collaterale sarebbero inoltre opinabili anche perché deriverebbero da una decisione a tavolino degli Stati del G7 e dunque al di fuori di un vero quadro istituzionale. In particolare, non si tratterebbe né di una deliberazione assunta all'esito di un processo dinanzi al tribunale competente né di una risoluzione del Consiglio di sicurezza delle Nazioni Unite, vincolante in quanto tale, ai sensi della carta dell'ONU. Le perplessità – condivise, peraltro, dalla presidente della BCE Christine Lagarde – hanno indotto il G7 a ripiegare su una soluzione alternativa, che prevede la mera confisca dei proventi finanziari dei beni congelati (circa tre miliardi all'anno). Si vedrà se e in che misura la decisione verrà alla fine adottata; resta il fatto che, per (anche legittime) motivazioni di ordine geopolitico, abbiamo dimostrato di essere pronti a sacrificare principi consolidati di civiltà giuridica.

Analoghi segnali di un generale affievolimento dello Stato di diritto si rinvengono negli ordinamenti interni. Sempre più spesso, infatti, le rigorose norme che di solito disciplinano l'esercizio del potere pubblico sono suscettibili di deroghe ed eccezioni in nome di concetti difficilmente definibili quali la sicurezza nazionale, l'interesse nazionale, la tutela di asset strategici, eccetera. Per esempio, nel valutare se e a quali condizioni ammettere un investimento estero, le autorità di controllo godono di un'amplissima discrezionalità, difficilmente sindacabile. Le norme sono state spesso volutamente scritte in maniera ambigua, così da lasciare più spazio all'interpretazione dei decisori politici. In molti casi, poi, in questi ultimi anni, le autorità pubbliche sono intervenute «a gamba tesa», imponendo ex post la modifica o la risoluzione di contratti liberamente conclusi tra le parti o talvolta addirittura forzando la cessione di imprese, come hanno fatto gli Stati Uniti nel caso di TikTok, di cui parleremo nel prossimo capitolo. Insomma, anche principi fondamentali quali la certezza del diritto e la tutela dell'affidamento sono ormai a repentaglio in questo nuovo contesto estremamente politicizzato.

I campi di battaglia

Un gioco a somma zero

Per restare nella metafora della guerra, esamineremo ora i principali campi di battaglia, ovvero i settori nei quali gli Stati si scontrano oggigiorno. Mentre, in guerra, i migliori condottieri scelgono con attenzione su quali terreni sfidare il nemico, nel nostro caso il confronto è per certi versi obbligato. Nel passato abbiamo assistito prima alla corsa agli armamenti, poi alla sfida per la conquista dello spazio e, infine, durante la presidenza di Reagan alla competizione per assicurarsi lo scudo spaziale. Oggi, invece, contano (forse anche più delle armi) l'accesso alle tecnologie più avanzate (intelligenza artificiale, cloud computing, eccetera), la disponibilità di materie prime e risorse energetiche, il controllo dei dati. Il futuro si gioca su questi terreni e qui inevitabilmente avviene lo scontro. E ciascuno fa la guerra con i soldati e i mezzi che ha.

Il campo di battaglia per antonomasia è il commercio internazionale: l'idea che il libero scambio sia sempre mutualmente vantaggioso per tutti coloro che vi prendono parte non è più largamente condivisa come nel passato. Anzi, oggi pare un'affermazione azzardata. Considerazioni fondate sull'odierna insicurezza dei traffici o di tipo geopolitico inducono i governi a non far necessariamente conto sui prodotti manufatti all'estero. La pandemia, l'ostruzione del Canale di Suez (per l'incaglio della nave *Ever Given*) e la guerra in Ucraina hanno, del resto, alimentato una percezione, solo in parte fondata, della fragilità delle nostre *supply chain*. E ancor più incerto, in questo clima di accesa conflittualità internazionale, è l'approvvigionamento di prodotti essenziali sui quali altri Stati detengano una posizione di monopolio, oligopolio o comunque di controllo. Si teme, infatti, che da un giorno all'altro possa esserne impedita la vendita per «strangolare» l'economia di un competitor. Tutto, come abbiamo visto, può essere trasformato in arma (geo)politica e divenire uno strumento di potere coercitivo.

Sarebbe certamente conveniente e più efficace cooperare: progresso tecnologico, transizione ecologica, sostenibilità energetica sono nell'interesse di tutti. Per soddisfare il proprio fabbisogno non è certo necessario che i beni strategici siano prodotti nel territorio nazionale o tutt'al più in qualche Paese «amico». La globalizzazione è la chiara dimostrazione del contrario. Ma adesso prevale la sfiducia. Non ci sono partner, ma solo alleati, di cui peraltro diffidare, e nemici da combattere. Perfino il rapporto transatlantico non è più così saldo come nel passato. Come vedremo, in questo processo la prima presidenza Trump – caratterizzata per l'atteggiamento muscolare e conflittuale sul piano internazionale – ha rappresentato un vero e proprio punto di svolta, e il suo secondo mandato sta radicalizzando ulteriormente la situazione. La stessa Ue ha ormai fatto dell'autonomia strategica – definita come «la capacità di agire autonomamente, se e quando necessario, e con i partner, quando possibile» – uno dei propri principali obiettivi. È come se Trump avesse liberato un demone che non è più disposto a rientrare nella lampada. Anzi, si è gonfiato a dismisura negli anni seguenti fino a divenire il *new normal*.

L'interdipendenza economica che era stata alla base dello sbalorditivo sviluppo dei Paesi industrializzati, come pure di quelli in via di sviluppo, dal secondo dopoguerra a oggi, è ormai vista con sospetto. Perciò, la parola d'ordine è assicurarsi, con qualunque mezzo, le tecnologie più avanzate, accelerare il processo di transizione ecologica delle proprie imprese, procurarsi l'indipendenza energetica, rifornirsi delle materie prime indispensabili per le industrie del domani, garantire la sovranità sui propri dati. Si persegue ormai persino la «sovranità alimentare» (*sic*).

Se, come molti oggi credono, la competizione globale è un gioco a somma zero, i nostri guadagni sono equivalenti alle perdite altrui. Perciò ogni passo avanti sulla strada dell'autonomia consolida il nostro posizionamento (e quello delle nostre imprese) e al tempo stesso mette in difficoltà i nostri rivali. In realtà, il commercio è un gioco a somma positiva in cui tutti hanno da guadagnare. Ciò, però, presuppone che gli operatori si fidino reciprocamente e che vi siano regole ben chiare e istituzioni che ne presidino il rispetto.

Il commercio internazionale

Il primo e forse più ovvio campo di scontro è appunto il commercio internazionale. Dopo molti decenni di progressivo, sebbene parziale, processo di apertura e liberalizzazione, la situazione è radicalmente cambiata. Per la verità, già dall'inizio di questo secolo si cominciavano a vedere segnali d'allarme che, se correttamente interpretati, ci avrebbero dovuto indurre a presagire l'attuale disaffezione verso il sistema multilaterale dell'Organizzazione mondiale del commercio (OMC). E invero, dopo diversi round di negoziazione che avevano portato significativi risultati – riducendo le barriere (tariffarie e non) e cominciando ad allargare l'ambito di applicazione delle regole sul commercio ad altri settori (agricoltura, servizi, diritti di proprietà intellettuale) – il cosiddetto Doha Round, iniziato nel 2001, non è mai giunto a conclusione. Il che la dice lunga sulla reale volontà degli Stati di continuare sulla strada virtuosa percorsa fin allora. Non solo: la stessa autorevolezza dell'OMC è stata più volte messa in discussione in questi anni e proprio dagli Stati Uniti che, oltre ad averne rappresentato il motore per decenni, sono sempre stati tra i principali beneficiari del multilateralismo.

Questo processo involutivo ha subito una forte accelerazione negli ultimi anni. C'è stata, infatti, una rapida concatenazione di azioni e reazioni ostili che mettono a repentaglio l'impalcatura del commercio internazionale e creano un sostrato di pericolosa conflittualità. È sufficiente una breve ricostruzione degli eventi per rendersi conto di quanto, in questo più che in altri contesti, il termine escalation sia appropriato. Ma non si tratta solo di incrementi tariffari, come era accaduto nelle guerre commerciali del passato. Oggi le armi a disposizione degli Stati per distorcere i traffici commerciali sono molteplici e variegate: sanzioni, sussidi, barriere non tariffarie di tutti i tipi (preferenze per gli acquisti di prodotti nazionali, regole sugli appalti, norme fito-sanitarie). Gli elementi comuni di queste misure, peraltro affatto diverse le une dalle altre, sono principalmente due: la natura unilaterale (ovvero il loro esercizio in forza della mera sovranità statale) e le motivazioni sottostanti, che generalmente trascendono completamente da quelle tipiche del commercio internazionale. Quella più frequentemente invocata è la sicurezza nazionale – espressione generica che comprende la transizione ecologica, la salute pubblica, l'indipendenza energetica, la cybersicurezza, eccetera – che giustifica qualsiasi «deroga» (per non dire violazione) della disciplina del commercio internazionale.

Vediamo allora come sono andate evolvendo queste guerre commerciali, partendo da quelle combattute a suon di dazi doganali. A scatenare l'ondata di provvedimenti restrittivi del commercio internazionale è stato Trump. Non che prima fosse tutto rose e fiori: ma, con il suo arrivo alla Casa Bianca nel 2017, il dibattito e le modalità di intervento in materia commerciale hanno preso una svolta che non è stata più rimessa in discussione, e che ha prodotto conseguenze ben al di là dei confini americani. Nel marzo 2018, il presidente annunciò un nuovo dazio del 25 per cento sulle importazioni di acciaio e del 10 per cento sull'alluminio, pur prevedendo specifiche esenzioni totali o parziali per Paesi quali l'Australia, il Brasile, la Corea del Sud, l'Argentina e, successivamente, il Canada e il Messico. La Cina rispose immediatamente, applicando dazi su 128 prodotti americani, tra cui l'acciaio, l'alluminio, gli aerei, le automobili, la carne di maiale e la soia (tutti assoggettati a un dazio del 25 per cento) oltre ad altri frutti, granaglie e tubi (15 per cento). Anche l'Unione europea rispose agli Stati Uniti elevando dazi su vari prodotti americani, tra cui uno del 56 per cento sulle moto Harley-Davidson. Questi dazi furono complessivamente mantenuti dall'amministrazione Biden, che tuttavia raggiunse una tregua con l'Ue, sospendendone l'applicazione per cinque anni. Sollecitato da Bruxelles, Biden fece un'apertura, proponendo di rendere strutturali anche per l'Unione le stesse esenzioni concordate con altri Paesi e in quel momento concesse solo temporaneamente. In cambio chiese che l'Unione rafforzasse le proprie tariffe verso Paesi terzi (in particolare la Cina). Non se ne fece nulla, ed è davvero difficile – ci torneremo più tardi – stabilire se purtroppo o per fortuna. Ulteriori dazi sono successivamente stati applicati da Washington su svariati prodotti cinesi, tra cui i pannelli fotovoltaici, le lavatrici e le auto elettriche. Complessivamente, si stima che nel periodo che va dall'inizio del 2018 al primo trimestre 2024 tali dazi abbiano prodotto un gettito di 233 miliardi di dollari che possono essere considerati, a tutti gli effetti, come una tassa sui consumatori americani.

Ma non è finita qui. Pure l'Unione europea ci si è messa, seppure seguendo una strategia almeno all'apparenza più corretta dal punto di vista formale. Infatti, mentre gli USA si sono limitati a dichiarare l'applicazione di dazi per ragioni non meglio specificate di sicurezza nazionale, l'Ue ha avviato un'indagine sui sussidi pubblici ricevuti dai produttori cinesi di auto elettriche e pannelli fotovoltaici per verificare se concorressero ad armi pari con gli europei. L'indagine ha concluso che il governo cinese erogava sussidi di entità variabile e ne ha stimato l'impatto sui principali produttori, anche in funzione della maggiore o minore disponibilità che essi avevano dimostrato a collaborare con le istituzioni europee. A esito dell'indagine, la Commissione ha deciso, a partire dal mese di luglio 2024, di compensare i sussidi cinesi con dazi di entità variabile, da un minimo del 17 a un massimo del 38 per cento in aggiunta a quello già esistente del 10 per cento. Quindi, le auto cinesi sono adesso gravate da un dazio che può sfiorare il 50 per cento: ben inferiore al 100 per cento americano, ma comunque assai rilevante (anche se non necessariamente sufficiente a influenzare le scelte dei consumatori).

La conflittualità ha raggiunto nuovi picchi nelle prime settimane della seconda presidenza Trump. Dopo l'annuncio dei dazi contro Messico e Canada (decisione rinviata a seguito dell'impegno a fare di più contro il traffico di fentanyl e l'ingresso di migranti irregolari), sono stati applicati dazi del 10 per cento sulle merci cinesi e ne sono stati preannunciati altri del 25 per cento sulle importazioni di acciaio e alluminio. E non è tutto: dinanzi al rifiuto del governo colombiano di accettare il rimpatrio forzato di loro cittadini espulsi dagli Stati Uniti, il presidente americano non ha esitato a minacciare di scatenare una vera e propria guerra economica a suon di dazi (25 per cento che sarebbero raddoppiati dopo una settimana), costringendo il governo del Paese sudamericano a fare un passo indietro.

Come si è detto, queste guerre non si consumano solo sul terreno dei dazi. Uno dei principali fattori distorsivi del commercio internazionale negli ultimi anni sono state le sanzioni commerciali (anche se sempre più spesso, come nel caso della Russia, sono ritenute più efficaci quelle finanziarie e altre tipologie di sanzioni individuali ed economiche). L'alterazione dei normali flussi commerciali, in questi casi, è doppia: da un lato, i divieti rendono impossibile esportare legalmente certi prodotti negli Stati sanzionati; dall'altro lato, si crea un mercato grigio dove impera l'illegalità e si favoriscono le triangolazioni con Paesi terzi. Ancora una volta, l'esperienza di questi ultimi anni, dopo l'invasione russa dell'Ucraina, è esplicativa: basti pensare alla cosiddetta *dark fleet* creata dai russi per eludere le sanzioni sui transiti marittimi e, in particolare, per trasportare petrolio greggio e prodotti petroliferi compravenduti a prezzi di mercato (eludendo il tetto al prezzo di vendita del petrolio russo stabilito dalla comunità internazionale). Russia, Iran, Corea del Nord e Siria sono i principali destinatari delle sanzioni, ma la lista è ben più lunga. Per avere un'idea dell'effetto che esse, nel loro complesso, hanno oggigiorno sul commercio internazionale basta consultare la mappa dei Paesi sanzionati dall'Ue: sono oltre trenta gli Stati assoggettati a qualche tipologia di misura restrittiva.

Un altro strumento che falsa i flussi commerciali sono le

leggi che premiano l'acquisto di prodotti nazionali. La politica americana che incentiva l'acquisto di prodotti locali non è nuova: il Buy American Act, che obbliga le amministrazioni pubbliche a dare la precedenza ai prodotti americani negli appalti, risale addirittura al 1933 (fu firmato dal presidente Herbert Hoover nell'ultimo giorno in cui era in carica). Più recentemente, Barack Obama varò un discusso provvedimento in tal senso per stimolare la ripresa all'indomani della crisi dei mutui subprime. Trump aveva continuato su questa strada, ma fu accusato di non avere fatto abbastanza per la middle class americana che più aveva sofferto la globalizzazione. Così Joe Biden, nei primi giorni della sua presidenza, nel gennaio 2021, volle rafforzare la normativa in materia per dare un segnale sulle linee guida della nuova politica economica. Fece seguito l'Inflation Reduction Act (IRA) – un imponente pacchetto di incentivi in gran parte canalizzati verso la transizione energetica, e quindi verso investimenti quali batterie, auto elettriche, pannelli fotovoltaici – che prevede stringenti requisiti sull'origine dei prodotti. Per beneficiare dei sussidi (o per non vederli ridotti) i prodotti devono essere, infatti, rigorosamente Made in USA e, in alcuni casi, questi requisiti si estendono anche alle loro componenti (come le batterie dei veicoli elettrici) o addirittura ai materiali che li compongono.

Questa politica di sussidi, oltre a voler favorire l'occupazione e quindi la crescita del Pil, ha l'obiettivo dichiarato di mettere in sicurezza le *supply chain*, la cui vulnerabilità è stata posta in evidenza in questi ultimi anni. Gli USA hanno messo in gioco importi rilevanti che sono suscettibili di avere un forte impatto distorsivo: il Congressional Budget Office (un'agenzia indipendente simile al nostro Ufficio parlamentare di bilancio) ritiene che i sussidi costeranno all'incirca 400 miliardi di dollari nel periodo 2022-2031, ma altre stime alzano l'asticella e non di poco. Secondo Goldman Sachs si potrebbe arrivare a oltre 1200 miliardi di dollari. Tutto il mondo è paese: l'Europa – che già aveva messo a disposizione degli Stati membri circa 800 miliardi di euro con il programma Next Generation EU (NGEU) – cerca di rispondere creando un nuovo fondo. Lo stesso, nei limiti consentiti dalla normativa sugli aiuti di Stato, fanno gli Stati membri. E oggi si discute di aumentare ulteriormente la potenza di fuoco di tali strumenti: l'autorevole Rapporto Draghi, pubblicato nel settembre 2024, propone di creare un bazooka da 800 miliardi di euro all'anno, per finanziare i beni pubblici europei e sostenere le imprese Ue nel processo di transizione ecologica, digitale e commerciale in vista della cosiddetta autonomia strategica. L'ex presidente della BCE è laico rispetto alla natura, privata o pubblica, degli investimenti che ritiene necessari, ma è evidente che, nell'assenza dei primi, dovranno essere questi ultimi a fare la parte del leone. Inoltre, anche gli investimenti privati – se rispondono a incentivi o addirittura a obblighi normativi, come in parte è il caso della transizione green – difficilmente possono essere considerati come «spontanei». Significativamente, Lucrezia Reichlin ha definito la proposta, in un editoriale per «Project Syndicate», come il primo passo verso la costruzione di una «economia di guerra».

Dal momento che di guerra si tratta, si fa anche ricorso

a nuove armi per contrastare i rivali. L'Ue, per esempio, ha adottato un regolamento sui sussidi esteri, entrato in vigore nel gennaio 2023, che vuole far fronte alle distorsioni causate dalle sovvenzioni erogate da Paesi terzi. Sono stati previsti obblighi di notifica, saranno effettuate complesse indagini preventive e potranno essere imposte misure di riparazione (strutturali e no) o addirittura divieti a completare l'operazione in questione. È proprio sulla base di questa normativa che si è svolta l'indagine, sopra citata, sui sussidi cinesi alle auto elettriche e ai pannelli fotovoltaici che ha condotto all'applicazione di dazi sulle importazioni di tali beni. Prepariamoci a nuovi conflitti su questo fronte.

Insomma: il commercio internazionale è indubbiamente il principale terreno di scontro economico, in quanto è oggetto di continue incursioni da parte degli Stati, in nome di un malinteso senso di sicurezza nazionale. Tali interventi producono reazioni uguali e contrarie e rendono più difficoltosi gli scambi. E per chi non ne fosse ancora convinto, lasciamo la parola ai numeri: secondo il Global Trade Alert, dal 2008 a oggi sono stati adottati a livello globale ben 57mila provvedimenti con effetti restrittivi sugli scambi internazionali. Di questi, oltre il 40 per cento (circa 29mila) si concentrano nell'ultimo quinquennio.

I semiconduttori

L'altro grande campo di battaglia è quello per l'accesso ai microchip più avanzati che consentono agli Stati di avere tecnologie di avanguardia sul piano militare, dell'intelligenza artificiale, e più in generale su tutta la filiera elettronica.

I microchip sono indubbiamente una delle principali invenzioni degli ultimi decenni. Grazie alle loro funzionalità è possibile elaborare e memorizzare dati, trasmettere segnali, controllare qualsiasi attività di un dispositivo elettronico. In estrema sintesi, consistono di piccolissime piastrine di materiale semiconduttore (generalmente il silicio) sulle quali sono stampati dei circuiti elettronici integrati. Nel corso degli anni, le loro dimensioni sono andate riducendosi: nel 1961 un microchip conteneva solo 4 transistor (componenti elettronici microscopici che trasmettono segnali di dati), mentre oggigiorno ce ne sono milioni. Ciò ha reso possibile il loro utilizzo non solo nei grandi computer usati nei laboratori nazionali, nelle università o nelle aziende, ma anche nei pc e in qualunque prodotto domestico. Naturalmente, i microchip variano tra loro significativamente, a seconda delle caratteristiche, delle funzioni e della potenza. Quelli più avanzati vengono utilizzati, per esempio, nell'intelligenza artificiale e nelle tecnologie militari più sofisticate; quelli più comuni nelle auto, nei telefoni cellulari e negli utensili casalinghi. In generale, comunque, la loro richiesta è in continua crescita e si stima che il mercato mondiale nel 2025 possa valere circa 700 miliardi di dollari (pari a poco meno di un terzo del Pil italiano).

Talune società (Samsung, Intel, eccetera) disegnano e producono *in-house* i propri microchip; altre, come Apple, Nvidia, Qualcomm, si occupano del design e detengono i diritti di proprietà intellettuale, ma ne commissionano la produzione a società specializzate, come la taiwanese TMSC, che lavorano prevalentemente per conto terzi; vi sono, infine, società, come l'olandese ASML, che si occupano esclusivamente dello sviluppo e della produzione di macchine per fotolitografia utilizzate a loro volta per produrre chip. Quest'ultima è di gran lunga la principale produttrice a livello globale di tali macchinari per cui, quanto meno in questo segmento della filiera, si può dire che non solo l'Europa è «sovrana», ma che è proprio un'azienda europea a poter condizionare la capacità dei produttori di realizzare nei propri stabilimenti i chip più avanzati. Senza bisogno di dazi, sussidi o altre diavolerie.

Benché le tecnologie siano nate negli Stati Uniti, la produzione si è ben presto diffusa all'estero, prevalentemente in Asia, e oggi gli operatori in questo mercato sono estremamente interconnessi. A Taiwan, per esempio, si è sviluppata un'industria che produce una larga parte dei microchip commissionati da società cosiddette *fabless* (ovvero senza una propria linea produttiva): nel solo primo trimestre del 2024, TSMC deteneva il 61,7 per cento di questo mercato e Samsung l'11 per cento. Nel passato ci sono state fasi in cui imprese giapponesi o coreane hanno conquistato la leadership di mercato, ma alla fine quelle americane l'hanno spuntata, non grazie agli aiuti di Stato, ma all'innovazione. Tutto sommato la produzione dei chip è rimasta finora concentrata in pochi Paesi non tanto per gli ingenti investimenti richiesti, quanto piuttosto per l'importanza della ricerca e del capitale umano. Non si tratta, infatti, di competenze facilmente trasferibili in altri territori, perché sarebbe necessario un lungo percorso di formazione del personale. Non a caso, nonostante gli sforzi europei di promuovere la nascita di un'industria domestica in grado di competere con i giganti del settore, le società europee si sono posizionate principalmente nella parte più «povera» del business. In altre parole, non bastano né la ragion politica, né i sussidi miliardari per far sorgere un'industria di frontiera dove non ve ne sono le condizioni.

Oggi, la competizione sul piano globale con la Cina ha cambiato i termini della contesa: la sfida non è più solo per le quote di mercato, ma anche e soprattutto per la supremazia geopolitica. Già da una decina d'anni, infatti, la Cina ha varato un programma, noto come Made in China 2025, per dotarsi delle tecnologie più avanzate (in primis, i chip) necessarie ad affermare il proprio posizionamento sullo scacchiere internazionale. Così, gli Stati Uniti non cercano semplicemente di «proteggere» le proprie imprese, ma mirano a impedire alla Cina di sviluppare le tecnologie digitali più avanzate per la difesa, per l'intelligenza artificiale e per i sistemi di sorveglianza (tanto interna quanto esterna). In sintesi, attraverso il monopolio dei microchip di ultima generazione, cercano di frenare le ambizioni strategiche della Cina.

Questa guerra dei chip è iniziata nel 2019, durante la prima amministrazione Trump. L'obiettivo iniziale è stata Huawei, la principale società cinese che sviluppa, produce e commercializza sistemi e soluzioni di rete e telecomunicazioni. Sebbene da diverso tempo fosse al centro di polemiche e fosse stata accusata – oltre che di pratiche commerciali illecite (ivi compreso il furto di proprietà intellettuale) – di violazione delle sanzioni contro l'Iran, era uno dei maggiori operatori al mondo, particolarmente attivo nella costruzione di reti 5G. Dati i suoi stretti legami con le autorità cinesi, per gli USA costituiva una minaccia alla sicurezza nazionale. Si temeva, infatti, che le reti di comunicazione di ultima generazione costruite da Huawei fossero controllate dalla Cina e, all'occorrenza, potessero essere *weaponized*.

La prima mossa fu dunque l'inserimento di Huawei nella cosiddetta *Entity List*, ovvero l'elenco di società straniere considerate un rischio per la sicurezza nazionale, con la conseguenza che le società americane non avrebbero più potuto venderle prodotti e tecnologie Made in USA, salvo ottenendo una preventiva licenza del proprio governo. La novità fu che il divieto venne esteso ai prodotti stranieri che, anche indirettamente, facevano uso di tecnologie americane. Dal momento che gran parte dei semiconduttori utilizzavano in qualche misura design e tecnologie americane, di fatto il governo statunitense poteva limitare l'accesso di Huawei ai microchip più avanzati necessari per sviluppare le reti 5G e il cloud computing.

Il cambio di inquilino alla Casa Bianca, nel gennaio 2021, non ha comportato alcuna inversione di marcia in questa politica di duro confronto con la Cina. Anzi, Biden ha reso ancor più difficile la vendita di semiconduttori nel Paese. La policy della nuova amministrazione può essere sintetizzata con l'espressione del consigliere per la sicurezza nazionale, Jake Sullivan: *Small yard, high fence* (un piccolo cortile con alti steccati). In altri termini, gli Stati Uniti hanno limitato le azioni di contrasto ai prodotti e alle tecnologie fondamentali, ma senza lesinare i mezzi (agendo anche in cooperazione con i principali partner commerciali in Europa e Asia) per evitare, a qualunque costo, che la Cina potesse accaparrarseli.

Così, nell'ottobre 2022, il Dipartimento del Commercio emanò nuove regole volte a impedire alle imprese cinesi di acquistare i microchip per computer più sofisticati, sviluppare supercomputer e produrre semiconduttori di ultima generazione. Tra l'altro, furono estesi i divieti a prodotti di fabbricazione straniera, furono introdotte nuove licenze per poter vendere tali prodotti e fu vietata la produzione di tecnologie sensibili in fabbriche site in Cina. Il che, naturalmente, ha molto preoccupato l'industria americana dei microchip per gli effetti sia di breve sia di lungo termine: non solo veniva improvvisamente precluso il principale mercato al mondo (si pensi che la Cina spende più per l'acquisto di chip che per materie prime come il petrolio), ma soprattutto si temeva che la Cina, intensificando inevitabilmente gli sforzi per creare un'industria nazionale, nel tempo, avrebbe potuto sostituire o comunque insidiare la loro leadership di mercato.

Nel maggio del 2023, la Cina replicò vietando ai propri operatori di infrastrutture critiche di acquistare microchip da Micron Technology, una società dell'Idaho, asserendo che ponevano significativi rischi per la sicurezza nazionale. Il mese successivo, Washington fece sapere che stava contemplando ulteriori restrizioni per evitare l'esportazione di chip suscettibili di avere applicazioni nell'intelligenza artificiale. In effetti, i principali produttori statunitensi, i cui ricavi dipendono in larga misura dal mercato cinese (il 25 per cento delle vendite di chip per data center di Nvidia vengono effettuate in Cina), si erano rapidamente adeguati alle nuove regole creando dei microchip che, ancorché più lenti di quelli più avanzati, erano comunque utilizzabili per sviluppare l'intelligenza artificiale. E le imprese cinesi avevano iniziato a smembrare i microprocessori in dotazione ai pc e altri prodotti elettronici più comuni per adattarli e incorporarli in prodotti più sofisticati. Le nuove regole più stringenti entrarono in vigore nell'ottobre 2023 e nei mesi successivi furono adottate anche da Giappone, Taiwan e Paesi Bassi. Per quanto siano sempre più rigorose, queste normative vengono comunque spesso aggirate per effetto di triangolazioni nelle forniture, e non riescono, dunque, a impedire del tutto le vendite a clienti cinesi. La risposta di Pechino a queste misure non si è fatta attendere: limiti alle esportazioni di talune materie critiche, tra le quali il gallio e il germanio, molto utilizzati dall'industria dei semiconduttori. E nella primavera del 2024 ha vietato l'uso di Windows e di microprocessori Intel e AMD all'interno dei pc e dei server governativi.

Ulteriori pervasive restrizioni sono state introdotte anche nelle ultime settimane della presidenza Biden. Oltre ad ampliare il numero delle società cinesi che non possono essere rifornite senza una preventiva autorizzazione, sono state vietate le esportazioni di numerosi prodotti (tra i quali la memoria a banda larga). La Cina ha immediatamente ribattuto, vietando le esportazioni negli Stati Uniti di prodotti a duplice uso contenenti gallio, germanio, antimonio, materiali superduri e limitando le forniture di grafite. Negli ultimi giorni del 2024 gli Stati Uniti hanno, infine, annunciato l'avvio di un'indagine volta a verificare se la Cina abbia adottato misure anticoncorrenziali a supporto delle proprie esportazioni di microchip, di più comune fattura, utilizzati in grande quantità nelle automobili, nel settore medicale, in quello aerospaziale e nelle infrastrutture. Il conflitto si è esteso così anche alle esportazioni cinesi che potrebbero in futuro essere colpite da dazi o altre limitazioni. Da ultimo, in risposta ai nuovi dazi imposti da Trump, la Cina ha messo nel mirino Nvidia, Google e Intel accusandole di violazioni della disciplina sulla concorrenza.

La guerra dei chip si combatte inoltre attraverso restrizioni agli investimenti all'estero, pressioni sulle imprese per modificare la propria *supply chain* e sussidi per indurle a costruire nuovi stabilimenti nel territorio nazionale, con l'obiettivo di pervenire a un completo disaccoppiamento (*decoupling*) delle industrie dei semiconduttori.

Il Chips and Science Act di Biden del 2022 contempla una spesa complessiva di 280 miliardi di dollari (tra sussidi, crediti di imposta, investimenti in ricerca e sviluppo) per incrementare la ricerca e la produzione di semiconduttori negli USA con l'obiettivo dichiarato di assicurare la sicurezza dei propri approvvigionamenti e contrastare la crescita della Cina. Il futuro di questa normativa è però oggi incerto: Trump in passato l'ha criticata e potrebbe voler interrompere i sussidi. Per questo, Biden ha accelerato gli esborsi prima della fine del proprio mandato, erogando circa 11 miliardi di dollari a TSMC, nel mese di novembre 2024, per finanziare piani di investimenti negli USA.

L'Ue, che era assai più indietro in questo campo, nel 2023 ha adottato un regolamento con l'ambizioso obiettivo di raddoppiare la propria quota di mercato entro il 2030, portandola dal 10 ad almeno il 20 per cento (quadruplicando la produzione dei microchip). Si vuole anzitutto mettere in comune le risorse dell'Unione, degli Stati membri, del settore privato e di Paesi terzi associati per sostenere lo sviluppo di capacità tecnologiche e le attività di ricerca e innovazione. Inoltre, è stato previsto un quadro per accordare agli impianti di produzione di semiconduttori nuovi o sostanzialmente migliorati (con un grado di innovazione cioè non ancora presente nell'Ue) semplificazioni sul piano amministrativo e accesso prioritario alle linee di finanziamento. E, infine, è stato istituito un meccanismo di coordinamento tra gli Stati membri e la Commissione per rafforzare la collaborazione in materia di monitoraggio e risposta alle crisi. *Vaste programme*, ma – come spesso accade nell'Ue – più fondato sulle regole che sui danari messi a disposizione. I fondi complessivi, per quanto significativi, non possono infatti competere con quelli americani e cinesi (si parla di 43 miliardi di euro, tra fondi pubblici e privati, di cui 3,3 provenienti dal quadro finanziario pluriennale dell'Ue).

La Cina, per parte sua, ha istituito nel 2014 un fondo pubblico, denominato China Integrated Circuit Industry Investment Fund (noto come «The Big Fund»), con una dotazione iniziale di 21,8 miliardi di dollari, cui se ne sono aggiunti altri 29 miliardi nel 2019. E nel 2024, a seguito delle misure restrittive poste in essere dall'amministrazione Biden, è stato lanciato un nuovo fondo con una capitalizzazione pari a circa 47,5 miliardi di dollari. E tutto ciò, senza dire dei molteplici altri interventi a favore dell'industria cinese sotto forma di finanziamenti agevolati, sovvenzioni, crediti d'imposta, eccetera. I risultati si cominciano a intravedere: gli ultimi smartphone di Huawei fanno uso di un chip Made in China, prodotto dalla Semiconductor Manufacturing International Corp., che pur essendo ancora indietro rispetto agli equivalenti chip utilizzati da Apple, sembra abbastanza vicino a chiudere il gap.

La transizione ecologica

Il cambiamento climatico è ormai quasi unanimemente ritenuto una sfida collettiva dell'umanità di enormi dimensioni. Le emissioni di CO_2 e altri gas a effetto serra, che sono in crescita costante fin dagli albori della rivoluzione industriale, hanno alterato il funzionamento dell'atmosfera, causando conseguenze in gran parte negative per l'ambiente e per la stessa salute umana. È convinzione diffusa degli scienziati che, se non si prenderanno misure per contenere l'aumento delle temperature entro la soglia di 1,5-2 gradi centigradi, gli effetti potrebbero essere drammatici e irreversibili.

Abbattere le emissioni, però, è tecnicamente complicato: nei settori cosiddetti *hard to abate* (acciaio, cemento, trasporti), per esempio, non esistono, o non sono economicamente sostenibili, tecnologie alternative utilizzabili su larga scala. Il tema è anche politicamente divisivo: il riscaldamento globale dipende, infatti, dall'accumulazione delle emissioni in atmosfera; quindi, i Paesi occidentali hanno una responsabilità storica maggiore rispetto a quelli di più recente industrializzazione, ma sono questi ultimi che oggi producono gran parte delle emissioni, e questo sarà ancor più vero nel futuro. E, soprattutto, non si possono tagliare le emissioni radicalmente e in tempi brevi senza compromettere il livello di benessere dei Paesi sviluppati e la capacità di crescita di quelli in via di sviluppo. È per questa ragione che, nelle sedi internazionali, si tende a definire obiettivi climatici considerati raggiungibili sotto il vincolo di preservare la crescita economica.

Vi è un vasto consenso sul fatto che il modo migliore per affrontare la crisi climatica – forse l'unico possibile – sia attraverso accordi internazionali di vasta portata. Vanno in questo senso tutte le dichiarazioni conclusive dei vertici annuali sul clima che sono un fiorire di impegni alla cooperazione internazionale. Tutto bene quindi? Non proprio. Anche le politiche climatiche sono spesso – anzi, sempre più spesso – terreno di scontro se non di vera e propria *weaponization*.

L'Unione europea ha deciso di assumere obiettivi unilaterali di riduzione delle emissioni, con un duplice intento: uno nobile, che viene manifestato in ogni occasione («guidare dando l'esempio») e uno egoista, che viene invece dissimulato (conquistare la leadership tecnologica nei settori delle energie pulite, che si ritiene saranno un elemento di vantaggio competitivo nel futuro). Il cosiddetto Green Deal prevede la riduzione delle emissioni nette di gas a effetto serra di almeno il 55 per cento entro il 2030 rispetto ai livelli del 1990. E il programma Next Generation EU, adottato per consentire agli Stati membri di superare la recessione causata dalla pandemia da Covid-19, ha condizionato l'erogazione degli ingenti fondi messi a loro disposizione, in parte a titolo di sovvenzione e in parte di finanziamenti, al fatto che almeno il 37 per cento della spesa per investimenti e riforme programmata nei Piani nazionali di ripresa e resilienza (PNRR) sostenga gli obiettivi climatici. Inoltre, tutti gli investimenti e le riforme previste nei piani nazionali devono rispettare il principio del «non arrecare danni significativi» all'ambiente. Complessivamente, la Commissione ha dunque mobilitato circa 1000 miliardi di euro di investimenti sostenibili nell'arco di un decennio, di cui la maggior parte proviene dal bilancio pluriennale 2021-28, dalla vendita dei certificati rappresentativi delle quote di emissione di gas a effetto serra e dal programma NGEU, oltre che da fondi nazionali per il supporto alle fonti rinnovabili e all'efficienza energetica. I primi risultati sono positivi: tra il 1990 e il 2022, mentre le emissioni globali di CO_2 sono cresciute del 63,3 per cento, quelle europee si sono ridotte del 28,6 per cento.

Gli USA non sono stati certo da meno. Anzi, la loro risposta in questa sfida, combattuta a forza di sussidi, è stata altrettanto, se non più, importante. La principale misura di politica economica della presidenza Biden – l'Inflation Reduction Act – come si è detto, secondo alcune stime potrebbe comportare una spesa, nell'arco di dieci anni, fino a 1200 miliardi di dollari con l'obiettivo di ridurre le emissioni di gas serra di circa il 40 per cento rispetto ai livelli del 2005. La legge prevede, oltre a significativi investimenti diretti per la produzione di energia pulita, incentivi di vario tipo (crediti d'imposta, sovvenzioni, prestiti) per indurre i privati a intraprendere progetti energetici a basse emissioni di carbonio, finanziare catene di approvvigionamento locali, promuovere l'acquisto di auto elettriche, eccetera. Il bonus per i consumatori è accessibile solo se il 40 per cento dei componenti per le batterie delle auto è prodotto o raffinato negli Stati Uniti ovvero se i veicoli sono assemblati negli Stati Uniti o nell'area di libero scambio con Messico e Canada. Insomma, con la copertura della transizione verde, c'è sempre tanto protezionismo alla base della normativa americana.

E la Cina? Ha anch'essa erogato generosi sussidi per costruirsi una fiorente industria in molti settori di fondamentale importanza per la transizione ecologica quali i pannelli fotovoltaici, le batterie e le auto elettriche. Questo risultato, fortemente voluto dal governo per ridurre l'inquinamento domestico, è stato facilitato dal concorso di altri fattori: economie di scala, prezzi vantaggiosi dell'energia e il limitato costo del lavoro. Così, per chi vede il bicchiere mezzo pieno, il costo dei pannelli è crollato negli ultimi 10-15 anni, riducendosi del 90 per cento; per chi lo vede mezzo vuoto, però, ciò è accaduto principalmente a spese dei produttori occidentali che hanno chiuso i battenti uno dopo l'altro, spiazzati dalla concorrenza cinese. Il che ha scatenato una guerra combattuta principalmente elevando barriere tariffarie sui rispettivi prodotti.

L'Unione europea ha iniziato nel 2013 imponendo un dazio transitorio del 47,7 per cento sui pannelli cinesi (poi rimosso dopo due anni di applicazione). Più recentemente, come abbiamo ricordato, ha imposto dazi sulle auto elettriche e i pannelli fotovoltaici cinesi, giustificandoli come misura compensativa per i sussidi di Pechino. Per tutta risposta, la Cina ha annunciato un'indagine (preliminare anch'essa all'adozione di dazi ritorsivi) sui sussidi europei all'agricoltura, e in particolare alla carne di maiale, di cui i cinesi vanno ghiotti e che importano in buona misura dall'Ue (specie dalla Spagna). L'Ue sta anche cercando di promuovere la produzione di pannelli fotovoltaici e batterie, dedicandovi considerevoli risorse, sia attraverso programmi ad hoc, sia attraverso strumenti eccezionali come i Piani nazionali di ripresa e resilienza. Benché i fondi debbano essere erogati per finanziare l'installazione di impianti rinnovabili, in pratica si cerca frequentemente di indirizzarli a produttori europei. Anche qui, si predica bene, ma si razzola male. Ai nobili proclami sulla necessità della transizione ecologica, fanno infatti seguito comportamenti di bassa cucina protezionistica. Se l'obiettivo di queste misure fosse effettivamente solo la decarbonizzazione, la possibilità di ottenere pannelli a basso costo dalla Cina (o da produttori cinesi che investono in Europa) dovrebbe essere vista con favore, perché implica che, a parità di risorse, sarà possibile abbattere le emissioni in misura maggiore. Ma, in realtà, si vuole soprattutto favorire le industrie nazionali a scapito di quelle estere.

La guerra tariffaria, in nome della transizione ecologica, si è di recente ulteriormente estesa. L'Ue ha infatti adottato un complesso meccanismo chiamato Carbon Border Adjustment Mechanism (CBAM) che, nella sostanza, intende assoggettare gli importatori di beni intermedi da Paesi terzi a una sorta di dazio proporzionale all'impronta carbonica dei beni importati. Da vent'anni, per ridurre le emissioni nei settori industriali, le imprese europee devono acquistare dei certificati per ogni tonnellata emessa di CO_2. Ai produttori operanti in settori *hard to abate*, come l'acciaio o il cemento, sono assegnati certificati a titolo gratuito per compensarli della concorrenza da parte delle imprese extra Ue che non hanno simili oneri. Per ora la normativa CBAM è ancora in una fase transitoria, ma, quando sarà a regime (nel 2026), all'attuale sistema si sostituiranno i nuovi dazi e contestualmente inizieranno a essere eliminate le quote di emissione assegnate a titolo gratuito.

In teoria, è un utile strumento per evitare asimmetrie tra produttori infra ed extra Ue; in pratica è un meccanismo di difficilissima applicazione che rischia di segmentare ancor più i mercati. Anche se alcuni Stati emuleranno il meccanismo, come sta accingendosi a fare il Regno Unito, i criteri e i metodi di calcolo non necessariamente coincideranno con quelli europei. Gli Stati Uniti, pur avendo manifestato dubbi e perplessità al riguardo, per il momento sono rimasti alla finestra, nel dubbio se introdurre un meccanismo analogo. Potrebbero così non solo neutralizzare gli effetti della misura europea, ma anche aggiungere un'arma al proprio arsenale, per l'eventualità che la cortina di dazi eretta in questi anni contro i prodotti cinesi possa rivelarsi inefficace. La Cina ha fortemente criticato l'unilateralismo e protezionismo europeo. In occasione della Cop28 (il vertice sul clima svoltosi nel 2023 a Dubai) si è fatta sentire: «Se volete la leadership globale [in campo climatico] dovreste immediatamente fermare questo CBAM». Anche l'India ha protestato in occasione della Conferenza ministeriale della World Trade Organization (WTO), tenutasi ad Abu Dhabi tra il 26 febbraio e il 2 marzo 2024. E il Sudafrica, che teme un calo delle esportazioni verso l'Ue, ha manifestato l'intenzione di presentare una formale denuncia, attivando il meccanismo di risoluzione delle controversie dell'Organizzazione mondiale del commercio. Il CBAM, peraltro, non colpisce solo i grandi partner commerciali dell'Ue. Potrebbe anzi avere effetti anche più devastanti per le economie di taluni piccoli Stati che esportano in Europa una quota significativa dei propri prodotti e non hanno fondi adeguati né competenze tecniche e amministrative per ridurre le emissioni, e conformarsi agli standard europei. Si addensano dunque fosche nuvole all'orizzonte e un nuovo terreno di scontro negli anni a venire.

Infine – ultima, ma non meno importante – c'è un'altra battaglia apparentemente combattuta in nome dell'ambiente che in realtà sottende intenti biecamente protezionistici: il trattato di libero scambio coi Paesi latinoamericani del Mercosur. L'Ue ha rischiato di mandare a monte il lungo negoziato perché ha preteso di inserire, tra le clausole, l'obbligo di rispettare in tali nazioni gli stessi standard europei sull'ambiente. Questa richiesta è stata sostenuta soprattutto dal presidente francese Emmanuel Macron, spinto dagli agricoltori francesi che storicamente temono la concorrenza internazionale da parte di produttori con condizioni climatiche più favorevoli e costi inferiori. In pratica, Bruxelles ha subordinato il via libera al trattato sia alla sottoscrizione, da parte dei Paesi del Mercosur, di un impegno vincolante a raggiungere gli obiettivi climatici di Parigi, sia alla facoltà dell'Ue di bloccare l'import di beni agricoli prodotti su terre deforestate (il che richiama la legge sul ripristino della natura, approvata nel 2024 nell'Unione, che impone agli agricoltori europei severi obblighi nella gestione del territorio). La forzatura è stata denunciata come una forma di colonialismo mascherato dal presidente brasiliano Lula, un idolo della sinistra ambientalista, anche lui, naturalmente, non del tutto disinteressato. Il Trattato è stato finalmente concluso nel dicembre 2024 con un impegno vincolante ad adottare misure per fermare la deforestazione a partire dal 2030 e misure di salvaguardia bilaterali per proteggere specifici settori agricoli. Adesso si apre la giostra delle ratifiche da parte degli Stati membri: per bloccare il Trattato serve il veto di almeno quattro Stati membri che rappresentino più del 35 per cento della popolazione dell'Unione. Il capofila del «no» è proprio il «liberale» Macron, che potrebbe portarsi dietro Austria, Polonia e Paesi Bassi: complessivamente il 30 per cento della popolazione europea.

Persino dinanzi a un obiettivo non controverso, com'è indubbiamente la transizione ecologica, gli Stati si confrontano in modo assai conflittuale. Il che per certi versi è scontato: le politiche per la decarbonizzazione hanno un pesante impatto economico, sia a livello macro, sia sui singoli settori; è comprensibile, dunque, che suscitino un feroce scontro geopolitico. Ma è sconcertante che, più che cercare di risolvere un problema globale, gli stati vogliano tirare la coperta dal proprio lato, facendo degli obblighi climatici un'arma geopolitica.

La sicurezza energetica

L'energia è stata spesso utilizzata come un'arma per ragioni politiche. Il precedente più noto è quello della costituzione dell'Opec, il cartello dei Paesi produttori di petrolio fondato nel 1960 con l'obiettivo di controbilanciare il potere delle maggiori compagnie petrolifere occidentali (le cosiddette Sette sorelle). Nel 1973, dopo l'aggressione di Egitto e Siria a Israele nel giorno dello Yom Kippur, gli Stati membri dell'organizzazione ridussero la produzione di greggio per spingere i prezzi verso l'alto, decretando contestualmente un embargo contro i Paesi più vicini a Israele (Stati Uniti, Paesi Bassi, Portogallo, Rhodesia e Sudafrica). Il rincaro scatenato dal taglio produttivo e, ancor più, dal timore che avrebbe potuto espandersi e prolungarsi nel tempo ebbe rilevanti impatti sull'economia globale, tanto da rimanere scolpito nella memoria collettiva come «la crisi petrolifera del 1973» (la seconda grande crisi, verificatasi nel 1979, ebbe una diversa genesi legata al crollo della produzione iraniana dopo la rivoluzione).

Per questo gli Stati Uniti hanno sempre perseguito l'indipendenza (ovvero la capacità di soddisfare autonomamente il proprio fabbisogno di energia) come obiettivo strategico. E, almeno in parte, hanno motivato il proprio impegno militare all'estero con la necessità di garantire la stabilità politica dei luoghi di produzione del petrolio e proteggerne le rotte. Un divertente monologo del comico americano Jon Stewart, risalente al 2010, mostrava come tutti gli ultimi otto presidenti – da Nixon a Obama – avessero promesso di sganciare gli USA dalla dipendenza dal Medio Oriente (da cui all'epoca gli Stati Uniti importavano oltre due milioni di barili di greggio al giorno), senza mai riuscirci: «La politica americana è una gigantesca macchina per liberarci dalla dipendenza dal petrolio. Il problema è che anch'essa va a petrolio». Tutto è cambiato con la rivoluzione delle produzioni non convenzionali (il cosiddetto *fracking*). Ancora oggi, sebbene gli USA siano diventati un Paese grande esportatore di petrolio e di gas, vi è un intenso dibattito su quanta parte della produzione domestica debba essere destinata all'export, e verso quali Paesi (tema che si è riacceso di recente, quando gli USA sono diventati uno dei primi fornitori di gas all'Europa). Uno degli ultimi atti compiuti da Biden prima delle elezioni del 6 novembre 2024 è stata una moratoria sull'autorizzazione di nuovi treni di liquefazione per il gas, con l'obiettivo dichiarato di mantenere un'offerta domestica sovrabbondante e prevenire l'aumento dei prezzi. Appena insediatosi, Trump ha cancellato il provvedimento del suo predecessore e, il 14 febbraio, ha autorizzato un nuovo progetto in Louisiana. Il presidente repubblicano intende rafforzare l'export americano di gas, e compensare le potenziali ripercussioni sul mercato interno rilasciando maggiori permessi per l'esplorazione e la produzione.

Dal canto suo, l'Europa ha tradizionalmente fatto per lo più conto sul proprio rapporto storico con l'Unione Sovietica (e poi con la Russia), che si era sempre dimostrata un partner affidabile, sottovalutando i rischi connessi alla eccessiva dipendenza da un singolo fornitore. Ciò le ha consentito di perseguire le proprie politiche di decarbonizzazione, abbandonando le attività minerarie e restringendo le autorizzazioni all'esplorazione e produzione di gas. I numeri parlano da soli: la produzione europea di gas è crollata dal picco di 150 miliardi di metri cubi nel 1996 a 39 miliardi di metri cubi nel 2021 (nello stesso periodo la produzione italiana è scesa da quasi 20 miliardi di metri cubi a circa 3).

Oggigiorno il dibattito sulla politica energetica è cambiato. Nell'equazione sono, infatti, entrati in gioco fattori diversi e, per districarsi, si ricorre alla nozione di trilemma: la necessità, cioè, di coniugare competitività, sicurezza e sostenibilità. Questi concetti sono stati trasposti in una moderna versione dell'idea di «sicurezza energetica», definita come la certezza di accedere ai principali prodotti energetici a prezzi accessibili, a condizioni affidabili e in modo sostenibile.

Come abbiamo visto, nell'Ue i primi due obiettivi erano da tempo passati in secondo piano rispetto alla sostenibilità e le conseguenze sono diventate a tutti evidenti in occasione dell'invasione dell'Ucraina. Nel 2021, l'Unione era, nel suo complesso, dipendente dalle importazioni di gas per circa l'83,5 per cento del suo fabbisogno. E la sola Russia pesava per oltre il 40 per cento delle forniture provenienti da Paesi extraeuropei. Quello che è successo nei mesi successivi è ben noto: Mosca ha cominciato a lesinare le forniture, spingendo strategicamente i prezzi verso l'alto e accampando ragioni tecniche più o meno credibili per giustificare questo comportamento. La situazione era ancora più critica perché Gazprom – il colosso russo del gas – controllava, attraverso una società del proprio gruppo, gran parte degli stoccaggi tedeschi di gas che, proprio in vista dell'inverno 2021-22, non erano stati riempiti a sufficienza. Putin evidentemente sperava di utilizzare il ricatto del gas per costringere l'Europa a fare buon viso a cattivo gioco di fronte all'invasione dell'Ucraina. E a questo si è affiancata – a testimonianza dell'importanza delle «guerre informative» – una martellante campagna sui rischi a cui l'Ue era esposta e sul fatto che non avrebbe mai potuto fare a meno del gas russo. Meglio avrebbe fatto, dunque, a non impicciarsi dell'Ucraina. Le cose sono andate diversamente, con gran scorno del Cremlino: l'Ue è riuscita, più rapidamente di quanto si credesse, a emanciparsi dalla Russia che oggi incide solo per pochi punti percentuali sui nostri approvvigionamenti.

Come è stato possibile? Le cause sono molteplici: due inverni particolarmente miti (e dunque bassi consumi per il riscaldamento); una significativa contrazione dei consumi industriali (a causa degli elevati prezzi); un ingente sforzo di diversificazione dei fornitori; e una forte accelerazione del processo di sostituzione delle fonti di energia tradizionali con rinnovabili (con l'obiettivo di passare dal 30 al 42,5-45 per cento dei consumi finali di energia entro il 2030) e di efficientamento energetico (passando dal 9 all'11,7 per cento entro il 2030).

La crisi per gli esorbitanti prezzi del gas è stata tutto sommato superata nell'arco di breve tempo, ma ha lasciato il segno sulle economie europee e, a sua volta, ha dato origine ad altri conflitti con la Cina e all'interno della stessa Unione. Inoltre, ha determinato maggiori tensioni per gli approvvigionamenti, con prezzi stabilmente superiori al periodo prebellico e occasionali picchi (come nei primi mesi del 2025).

Da un lato, l'accelerazione sulle rinnovabili, aumentando la dipendenza dai pannelli solari cinesi, ha causato la nuova ondata di dazi, di cui abbiamo parlato. E qui torna il trilemma: l'Ue ha costruito una politica che ha come duplice obiettivo la sostenibilità (decarbonizzazione) e l'autonomia energetica (derussificazione), ma non ne accetta le conseguenze sul posizionamento industriale delle proprie imprese.

Dall'altro lato, il temporaneo via libera di Bruxelles agli aiuti di Stato (come aveva fatto per il Covid-19), per compensare, o quanto meno mitigare, l'impatto della crisi sulle economie europee, ha avviato una forte competizione interna tra gli Stati membri dell'Unione. Inevitabilmente ne sono risultati avvantaggiati i Paesi con maggior spazio fiscale e ciò ha avuto effetti fortemente distorsivi del mercato interno. La Germania, per esempio, ha disposto spese, alcune eccezionali altre strutturali, a favore delle proprie imprese energivore, compensando i costi che esse dovevano sostenere per l'acquisto dei certificati di emissione della CO_2, ponendole in una condizione di netto vantaggio rispetto ai concorrenti stranieri. La Francia si è spinta più in là, senza neppure dover ricorrere agli aiuti di Stato: ha nazionalizzato l'ex monopolista elettrico, EDF, che ha una quota di mercato attorno al 70 per cento della produzione di energia elettrica, in modo da poterla forzare a vendere energia sottocosto ai grandi gruppi industriali. La Spagna ha letteralmente sovvertito il funzionamento del mercato elettrico per ridurre i costi, sovvenzionando le centrali a gas in modo da neutralizzare l'aumento dei costi di tale commodity, peraltro approfittando della sua condizione di relativo isolamento fisico (le interconnessioni con la Francia sono limitate). Tutte queste misure sono state giustificate come una risposta alla crisi energetica: ma è chiarissimo che esse avevano come obiettivo secondario (se non addirittura principale) quello di dare alle imprese di ciascun Paese un vantaggio competitivo sui concorrenti esteri, inclusi quelli di altri Stati membri dell'Ue.

Le materie prime critiche

La graduale sostituzione delle fonti fossili (e delle tecnologie con esse alimentate) con altre a basse emissioni comporta una minore domanda prospettica di alcune materie prime quali, appunto, carbone, petrolio e gas. Parallelamente rende sempre più importante approvvigionarsi di altri materiali quali rame, litio e cobalto, il cui fabbisogno dovrebbe crescere nei prossimi anni, rispettivamente, del doppio, di 6-7 volte e di 5 volte. Ci sono poi le cosiddette terre rare (così chiamate non perché siano presenti in scarsa quantità, ma perché vennero inizialmente rintracciate all'interno di minerali poco comuni), quali lo scandio, l'ittrio e i lantanoidi, fondamentali per la costruzione dei radar, per la produzione di magneti permanenti, fibre ottiche, batterie ricaricabili, turbine eoliche e pannelli solari.

La produzione di alcune di queste materie prime è concentrata in pochi Stati: per esempio il 70 per cento delle miniere di cobalto si trova nella Repubblica Democratica del Congo, circa due terzi della produzione di nichel proviene da Indonesia, Filippine e Russia; il 90 per cento del litio origina in Cina, Australia e Cile. In larga parte, questi materiali provengono da Paesi nei quali vi è minore attenzione per gli standard sociali, ambientali e di governance rispetto a quella a cui siamo ormai abituati in Occidente. La loro estrazione ha infatti forti impatti sul territorio. Ciò vale ancor più per il processo di raffinazione che è molto inquinante e lascia una pesante impronta ambientale. Per questo in Europa, dove vi è una maggiore sensibilità ambientale e sociale, da tempo le attività minerarie sono state quasi abbandonate. Il che ha comportato anche un depauperamento del capitale umano – basti pensare al declino nel numero degli ingegneri minerari.

La recente consapevolezza dell'importanza di queste materie, da cui dipenderanno la transizione ecologica e molte industrie del futuro, ha scatenato una accesa competizione per il loro accaparramento che, per certi versi, sembra evocare il colonialismo del XIX secolo. L'antesignana di questa corsa alle materie prime critiche è stata senza dubbio la Cina che – nel quadro dell'iniziativa nota come Nuova via della seta, lanciata nel 2013, con l'obiettivo ultimo di espandere il proprio commercio e aumentare gli sbocchi commerciali per le proprie produzioni – ha concluso molteplici accordi con Paesi africani e asiatici ai quali ha finanziato ingenti progetti infrastrutturali, ottenendone spesso in cambio il diritto di sfruttamento delle riserve naturali. Sfruttamento che talora avviene in forma «artigianale» ovvero con condizioni di sicurezza assai precarie. Negli ultimi anni, vi è stata un'accelerazione negli investimenti nei metalli e nel settore minerario all'estero con finalità di sicurezza economica e tecnologica (cioè l'accorciamento delle filiere commerciali e l'autosufficienza nell'ambito dei materiali e delle tecnologie): secondo il rapporto sullo stato di attuazione della Nuova via della seta relativo al 2023 a cura del Green Finance & Development Center presso la Fudan University di Shanghai, gli investimenti cinesi (pubblici e privati) in questo settore sono stati pari a 19,4 miliardi di dollari, con una crescita del 158 per cento rispetto al 2022. Il rapporto dà altresì atto che la Cina, oltre a controllare una larga percentuale delle risorse minerarie (per esempio, più dell'80 per cento del mercato della grafite), detiene ormai più del 50 per cento della capacità globale di lavorazione di nichel, litio, cobalto e grafite. Molta di questa produzione, per la verità, soddisfa le esigenze del mercato interno di tecnologie rinnovabili: nel 2023 la Cina ha esportato turbine eoliche per una capacità complessiva di 3,6 GW, a fronte di installazioni domestiche per oltre 77 GW. Nondimeno, la Cina ha acquisito una netta posizione di vantaggio competitivo che, all'occorrenza, non esita a far valere sul piano geopolitico. Sintomatico è il caso delle restrizioni alle esportazioni di gallio e germanio, introdotte nel 2023 in risposta alle misure statunitensi che limitavano la vendita di microchip alla Cina. Ma già nel 2010 la Cina aveva decretato l'embargo nella vendita delle terre rare al Giappone a seguito dello scoppio di una disputa territoriale relativa alle isole Senkaku.

Tutto ciò ha fortemente preoccupato i Paesi occidentali che si sono resi conto che anche questo è ormai divenuto un terreno di scontro. E hanno pertanto introdotto diverse strategie per «emanciparsi» dalla Cina. Anzitutto, al G7, tenutosi a Sapporo (Giappone) nell'aprile 2023, hanno adottato un Piano in cinque punti per la sicurezza dei minerali critici che prevede (I) una collaborazione più stretta con l'International Energy Agency (IEA) alla quale è stato richiesto di fornire dati sulla domanda e offerta a medio-lungo termine per aiutare i governi a elaborare le proprie politiche; (II) un maggior coordinamento sia per l'adozione di standard ambientali sia per il tracciamento dei materiali lungo la *supply chain*; (III) un incremento della capacità di riuso e recupero dei prodotti a fine vita dell'elettronica e, per quanto possibile, di batterie e veicoli elettrici; (IV) investimenti e condivisione di *best practices*, informazioni e tecnologie; e (V) l'elaborazione di piani di contingenza in caso di interruzione delle forniture. Al successivo summit di Hiroshima è stato poi ribadito l'impegno a creare una *supply chain* sicura, resiliente, conveniente e sostenibile anche per le materie prime critiche, evitando distorsioni del mercato. E il tema è stato ripreso anche nella sessione di Torino del G7 del 2024 dedicata a clima, ambiente ed energia.

La Francia ha lanciato un apposito fondo d'investimento, volto a raccogliere circa 2 miliardi di euro tra capitali privati e pubblici, al quale il governo, attraverso la Caisse des dépôts et consignations, ha conferito 500 milioni di euro. Gli Stati Uniti in parallelo hanno varato la Minerals Security Partnership (MSP) – una sorta di club del quale fanno parte i principali Paesi occidentali e l'Unione europea – con l'obiettivo di assicurare forniture stabili e sicure di materie prime. Anche l'Ue aveva preannunciato la creazione di un club delle materie prime, ma poi nell'aprile 2024 ha dato il via, assieme agli USA e agli altri Stati membri della MSP, al Forum sul partenariato per la sicurezza dei minerali, una nuova piattaforma di cooperazione nel settore.

Al contempo, Europa e Stati Uniti hanno lanciato un'offensiva diplomatica volta a rafforzare i legami con gli Stati africani. Ovviamente, qualche viaggio e molte promesse non bastano. Benché, per esempio, dal 2000 si tengano periodicamente dei summit Eu-Africa poco è stato concluso e molte sono le spinose questioni ancora sul tavolo (le barriere non tariffarie alle importazioni di prodotti intermedi o finiti africani, il controllo dei flussi di immigrazione, le politiche di sostegno economico, eccetera). Difficile dunque attendersi un repentino cambio d'approccio dai Paesi africani solo per soddisfare il fabbisogno europeo di materie critiche.

Accanto a questi sforzi per migliorare le relazioni con i Paesi produttori, offrendo loro delle alternative concrete allo sfruttamento delle loro risorse naturali da parte della Cina, Stati Uniti e Ue stanno cercando di incentivare la produzione sul proprio territorio. Il che non è facile perché, come si è detto, c'è poca tolleranza (soprattutto in Europa) per nuovi scavi o altre condotte con una forte impronta ambientale. L'Italia, per esempio, ha adottato un decreto finalizzato a riaprire le miniere nel nostro Paese, in presenza di certe condizioni. Ma quanto è realistico che ciò avvenga?

Gli USA provano a convincere gli operatori a suon di

dollari: i sussidi dell'IRA sono infatti parzialmente vincolati alla provenienza dei materiali (per esempio, nel caso delle batterie). L'Ue, dopo un lungo dibattito interno (iniziato con il discorso di von der Leyen sullo stato dell'Unione del 2022), ha emanato nel marzo 2024 un regolamento, comunemente noto come European Critical Raw Materials Act, che punta a riprendere la produzione dei materiali critici in Europa, intensificare la diversificazione dei fornitori, favorire la circolarità e sostenere ricerca e innovazione. Più precisamente, il regolamento ha stilato un elenco di 34 materie prime critiche e fissato degli obiettivi specifici da raggiungere entro il 2030: il 10 per cento dei consumi, il 40 per cento della trasformazione e il 25 per cento del riciclaggio dovranno provenire dal territorio degli Stati membri. Inoltre, non più del 65 per cento del consumo annuo dell'Unione di ciascuna materia prima strategica in qualsiasi fase della trasformazione potrà provenire da un unico Paese terzo o d'oltremare. Come arrivarci? Da un lato, sul piano esterno, grazie a più cooperazione internazionale (partenariati strategici, rafforzamento dell'OMC, accordi bilaterali) e un più efficace contrasto delle pratiche commerciali sleali; dall'altro lato, sul piano interno, accelerando il processo autorizzativo e facilitando la realizzazione di progetti strategici (ovvero che contribuiscano in modo significativo alla sicurezza dell'approvvigionamento dell'Unione di materie prime strategiche) fattibili in tempi ragionevoli e in modo sostenibile nonché inducendo gli Stati membri a predisporre dei piani nazionali di esplorazione.

In definitiva, vogliamo la botte piena e la moglie ubriaca:

spingiamo per una rapida decarbonizzazione e quindi abbiamo bisogno al più presto di questi materiali; non vogliamo dipendere dalla Cina, ma al tempo stesso siamo riluttanti a fare scavi in misura significativa sul nostro territorio, per il rischio di conseguenze devastanti. Tutto sembra suggerire che, anziché intraprendere una corsa all'accaparramento, le grandi potenze del pianeta dovrebbero trovare accordi per favorire lo sfruttamento delle materie prime necessarie alle nuove tecnologie, la cui disponibilità è cruciale per ciascuno e per gli obiettivi condivisi. Ma prevale ancora una volta una narrazione che riduce tutto a un grande tavolo da Risiko, nel quale la vittoria dell'uno è una sconfitta dell'altro. E dunque induce a scelte costose – si pensi alla riapertura delle miniere in Europa – e che in prospettiva potrebbero anche diventare fonte di conflitti sociali.

I dati e le piattaforme

I dati sono il nuovo petrolio, disse nel 2006 il matematico inglese Clive Humby. Una frase rimasta celebre ed entrata ormai nell'uso comune per riferirsi alla loro importanza nella nostra società. Invero, con lo sviluppo tecnologico e la digitalizzazione c'è stata una crescita esponenziale dei dati processabili e conseguentemente del loro possibile utilizzo: si pensi che nel 2018 il volume generato a livello mondiale era pari a 33 zettabyte (ovvero mille miliardi di gigabyte), mentre nel 2024 sembra siano circa 147 zettabyte.

Oggigiorno non si tratta più solo di tracciare i movimenti degli utenti sulle piattaforme per determinare i loro interessi e, in ultima analisi, vendere loro un maggior numero di prodotti o servizi. I dati sono, infatti, alla base dello sviluppo economico e condizionano ogni aspetto della nostra vita (il lavoro, la salute, le assicurazioni, la sicurezza personale, eccetera). Il loro uso (o abuso) può condizionare i nostri comportamenti, influenzare i risultati elettorali (si ricordi lo scandalo Facebook-Cambridge Analytica scoppiato nel marzo 2018), limitare le libertà individuali (come nel caso degli ascolti di massa effettuati dalla National Security Agency statunitense (NSA), svelati nel 2013 da Edward Snowden). Un saggio di Shoshana Zuboff (*Il capitalismo della sorveglianza*, 2019) ha fatto molto discutere, dipingendo un futuro (forse oltremodo) a tinte fosche nel quale forze oscure potranno condizionare in modo antidemocratico le nostre scelte individuali. Con l'avvento dell'intelligenza artificiale, poi, la disponibilità e qualità dei dati sono divenute ancor più importanti per il cosiddetto apprendimento automatico (*machine learning*) ovvero per allenare i nuovi sistemi. E dunque per guadagnare più rapidamente una posizione di leadership nel settore.

Dinanzi ai rischi evidenziati, gli Stati rivendicano con sempre maggiore veemenza la propria «sovranità digitale» intesa come la possibilità di agire in modo indipendente anche nel mondo digitale – per definizione fortemente interconnesso, globalizzato e senza confini territoriali – geo-delimitando i dati, controllando e contenendo la loro trasferibilità, imponendo l'applicazione delle proprie normative a tutela della privacy, e così via. Secondo un rapporto dell'Information Technology & Innovation Foundation, nell'arco di soli quattro anni (tra il 2017 e il 2021), il numero di Paesi che ha imposto la localizzazione dei dati (limitandone o vietandone il trasferimento all'estero o imponendo l'archiviazione in server nel territorio) è quasi raddoppiato (da 35 a 62) e le misure restrittive sono passate da 67 a 144. Il che, naturalmente, ha avuto un significativo impatto pregiudizievole sui volumi di commercio, sulla produttività e sui prezzi. I provvedimenti sono generalmente improntati alla tutela della sicurezza nazionale e dell'ordine pubblico. La Russia, per esempio, dopo l'invasione dell'Ucraina, ha inibito il trasferimento dei dati alla Jewish Agency for Israel per frenare la fuga di cervelli verso Israele. Spesso, poi, queste normative sono formulate in modo da lasciare ampi margini di discrezionalità alle autorità locali: la legislazione cinese, adottata nel 2021, per esempio, impone l'archiviazione in Cina dei dati «importanti».

Oltre a proteggersi da eventuali interferenze esterne, gli Stati più evoluti digitalmente cercano di espandere la propria influenza, penetrando nei mercati nazionali di altri Paesi in modo da rafforzare ulteriormente il proprio posizionamento (politico, economico, tecnologico): gli USA ci riescono grazie agli ingenti capitali privati disponibili e all'egemonia nei servizi, nelle tecnologie e in talune infrastrutture; la Cina ci prova, finanziando investimenti in grandi progetti infrastrutturali (5G, cloud, spazio e cavi sottomarini); l'Ue si sforza di raggiungere qualche risultato, imponendosi piuttosto come potenza regolatoria con cui occorre fare i conti per avere accesso al suo vasto e ricco mercato.

Ciascuna di queste tre principali potenze, nel corso del tempo, ha sviluppato un diverso modello normativo, a seconda della propria visione del mercato e del ruolo del regolatore nonché dei propri obiettivi strategici. La professoressa Anu Bradford della Columbia University – autrice di uno stimolante volume (*Digital Empires*, 2023) in materia – ha così tracciato le caratteristiche di questi tre modelli: negli Stati Uniti prevale un approccio orientato al mercato, volto a favorire l'innovazione tecnologica e assicurare la libertà d'espressione; in Cina la tecnologia è posta al servizio della politica e i dati sono utilizzati, senza alcuna remora, per la sorveglianza dei cittadini e il consolidamento del potere del Partito comunista; nell'Ue, come in molti altri campi, si ambisce ad affermare (anche al di fuori dei propri confini) la propria visione della società, focalizzandosi piuttosto sulla tutela dei diritti degli utenti e la creazione di un mercato europeo digitale equo. Altre potenze intermedie, come Regno Unito, Giappone, Israele, Corea del Sud e Russia, hanno un ecosistema evoluto, infrastrutture e regole, ma non dispongono della stessa capacità di fuoco e hanno difficoltà a restare al passo sul piano tecnologico.

Inevitabilmente, questi diversi modelli hanno finito per collidere e anche il controllo dei dati è diventato un terreno di scontro. L'Ue è entrata in conflitto con gli Stati Uniti a seguito dell'adozione della disciplina sulla protezione dei dati e a tutela della privacy, prima con la Direttiva dati del 1995 e quindi con il Regolamento generale sulla protezione dei dati (noto con l'acronimo, nella denominazione inglese, GDPR), entrato in vigore nel 2018. Tali normative hanno inibito il trasferimento dei dati personali a fini commerciali da operatori economici stabiliti in uno Stato membro verso un Paese terzo che non assicuri un livello di protezione sostanzialmente equivalente a quello europeo. Ovviamente ciò ha creato enormi problemi alle tante società americane operanti in Europa che trasferivano i dati dei propri utenti o clienti alla casa madre, in quanto la legislazione negli Stati Uniti non tutelava sufficientemente il diritto alla privacy.

Per superare il problema, fu previsto dapprima un meccanismo (denominato *Safe Harbour*), adottato con una decisione della Commissione del 2000, che doveva porre rimedio alle differenze nella regolamentazione, assicurando comunque un adeguato livello di protezione dei dati europei trasferiti negli USA. La Corte di giustizia dell'Ue, però, nel 2015 dichiarò invalido il sistema in quanto incompatibile con i principi europei sulla tutela della privacy e la protezione dei dati. Fu quindi cercato un nuovo compromesso tra la Commissione europea e il Dipartimento del Commercio degli Stati Uniti e nel 2016 fu stipulato un accordo (il cosiddetto Scudo per la privacy) in forza del quale le società stabilite negli USA che intendevano ricevere dati personali dall'Unione europea avrebbero dovuto fornire un'autocertificazione sull'adeguatezza del regime di tutela della privacy oltreoceano. La Corte di giustizia, nel 2020, ha invalidato anche questa decisione, ritenendo che non fosse sufficiente a evitare ingerenze pubbliche (per esempio programmi di sorveglianza di massa analoghi a quello della NSA) suscettibili di ledere i diritti fondamentali dei cittadini europei. Infine, nel luglio 2023, a seguito di un ordine esecutivo del presidente Biden che ha introdotto maggiori garanzie, è stata assunta una nuova decisione dalla Commissione europea (il cosiddetto Data Privacy Framework) che ha introdotto talune misure protettive (minori interferenze dei servizi di intelligence, ulteriori obblighi delle imprese, un adeguato meccanismo di tutela giurisdizionale) legittimando così il trasferimento dei dati verso gli Stati Uniti. Sembrava che così si fosse posto fine a questa querelle transatlantica, ma immediatamente dopo la sua rielezione, Trump ha fatto decadere i componenti democratici dell'autorità di tutela dei dati privati (il Privacy and Civil Liberties Oversight Board), rendendola di fatto inoperativa. Vedremo se toccherà ancora una volta alla Corte di giustizia dirimere la controversia.

La partita tra Ue e Stati Uniti adesso si sposta su un nuovo atto legislativo: il Regolamento europeo sull'accesso equo ai dati e sul loro utilizzo (il Data Act) che entrerà in vigore nel settembre 2025. La normativa vuole rendere più competitivo il mercato dei dati, rendendo questi ultimi più accessibili e utilizzabili. A tal fine, chiarisce chi può utilizzare quali dati e a quali condizioni, in modo da assicurare un'equa ripartizione del valore dei dati tra i diversi soggetti interessati, distinguendo tra rapporti tra imprese e consumatori (collegati a prodotti, nel contesto dell'Internet of Things) e rapporti tra imprese. Già durante l'iter di approvazione, però, oltreoceano sono state sollevate numerose perplessità, evidenziate in un lungo rapporto della US Chamber of Commerce dal titolo inequivoco (The EU Data Act: A Misguided Policy) e manifestate da un autorevole think tank a

Washington come il Center for Strategic and International Studies. Peraltro, anche in Europa la business community si era dimostrata tutto sommato contraria, temendo l'impatto di possibili conseguenze non previste (il regolamento è stato definito un salto nell'ignoto).

Infine, l'altro grande pomo della discordia tra Stati Uniti e Ue è la recente regolamentazione dei mercati digitali che ha imposto agli operatori gravosi obblighi di *compliance* per proteggere gli utenti (il cosiddetto DSA) e i concorrenti (il cosiddetto DMA). Le piattaforme online e i motori di ricerca online di dimensioni molto grandi sono tenute, infatti, a valutare e attenuare i propri rischi sistemici, predisponendo adeguati strumenti di moderazione dei contenuti e a rispettare una serie di altri vincoli, tra cui complessi impegni di interoperabilità e portabilità dei dati. Orbene, delle 19 imprese designate dalla Commissione ai fini del DSA, 16 sono statunitensi (e solo 2 europee: la tedesca Zalando e l'olandese Booking). Inoltre, 5 (Alphabet, Amazon, Apple, Meta e Microsoft) su 6 dei cosiddetti *gatekeepers* – le società che forniscono un punto di accesso ai servizi di piattaforma di base e pertanto sono assoggettate a una serie di stringenti obblighi e divieti ai sensi del DMA – sono statunitensi (la sesta è Booking). Il che spiega le ire di Washington che ritiene questa disciplina discriminatoria, frutto di un malcelato intento dei tecnocrati europei di contrastare con le regole la posizione di leadership conquistata sul campo dalle società americane. Posizione, questa, ribadita dalla nuova amministrazione Trump, che ha immediatamente manifestato l'intento di proteggere, con ogni mezzo, i Big Tech statunitensi dagli eccessi regolatori di Bruxelles.

Le norme europee, che vorrebbero limare le unghie alle piattaforme, hanno già causato alcune prevedibili risposte sul piano commerciale da parte di queste ultime: per fare solo un paio di esempi, Apple ha annunciato che non introdurrà in Europa alcuni dei servizi offerti nel resto del mondo (come il rilascio di Apple Intelligence e l'integrazione di ChatGPT con Siri), perché non sarebbero *compliant*, conformi ai nuovi regolamenti, mentre Meta ha dato agli utenti la facoltà di scegliere tra servizi a pagamento (senza profilazione) o gratuiti (con profilazione come nel resto del mondo). La società di Mark Zuckerberg, poi, non introdurrà in Europa alcune innovazioni nel campo dell'intelligenza artificiale. Quanto a Twitter (ora X), anche per effetto dell'istrionico Elon Musk che ne ha acquisito il controllo, va segnalata la complessa sfida legale con la Commissione, puntellata dalle polemiche via social tra lo stesso Musk e l'ex commissario Thierry Breton. La nuova commissaria responsabile dei mercati digitali, la finlandese Henna Virkkunen, ha abbassato i toni rispetto al suo battagliero predecessore, ma non ha, al momento, cambiato la linea.

Le contese in questo settore vanno ben al di là delle dispute transatlantiche. Benché gli Stati Uniti tradizionalmente siano stati i fautori del libero accesso a internet e si siano dimostrati restii a restringere in qualsiasi modo i flussi di dati, questo approccio sta cambiando, soprattutto per il timore di possibili abusi da parte della Cina. La controversia relativa a TikTok (controllata dalla società cinese ByteDance) è sicuramente esplicativa di questa nuova tendenza. Nel 2019 il Peterson Institute for International Economics emise un rapporto nel quale sosteneva che la società poneva rischi per la sicurezza nazionale, in quanto il governo cinese poteva avere accesso a vari tipi di dati (geolocalizzazioni, dati biometrici, eccetera). Il che diede il la a indagini del Committee on Foreign Investments in the United States (CFIUS) e a numerose misure per impedirne l'uso da parte di militari americani nonché per vietare del tutto il trasferimento di dati in Cina. Nel luglio 2020 il presidente Trump emanò un ordine esecutivo con il quale impose a ByteDance di cedere immediatamente la partecipazione e iniziò così una accesa battaglia legale. L'amministrazione Biden, nel frattempo entrata in carica, revocò l'ordine esecutivo e ordinò, invece, una approfondita indagine. Le accese polemiche sui potenziali rischi posti dalla società cinese, comunque, continuarono per mesi a infiammare il dibattito politico a Washington finché nell'aprile 2024 il presidente Biden emanò il Protecting Americans from Foreign Adversary Controlled Applications Act in forza del quale è stato dato un aut aut a ByteDance: se entro nove mesi non avesse trovato un acquirente americano per TikTok, l'app sarebbe stata esclusa dal mercato statunitense. La società ha quindi cercato di far invalidare la legge, sostenendo che violava il primo emendamento della Costituzione americana (libertà di parola e stampa), ma prima la corte d'appello del Distretto di Columbia e quindi la Corte suprema, hanno respinto la domanda sancendone l'oscuramento. L'app è quasi subito tornata online, dopo le dichiarazioni di Trump che si è impegnato a cercare una soluzione definitiva con il governo cinese. L'Europa non si è spinta tanto in là, ma ha comunque impedito ai funzionari della Commissione di caricare TikTok sul telefonino di servizio, seguendo l'analoga decisione presa dagli Stati Uniti tempo prima.

Più o meno contestualmente, la Casa Bianca, durante la presidenza Biden, ha emanato anche un ordine esecutivo volto a consentire alle autorità statunitensi di prevenire trasferimenti di masse di dati sensibili americani e del governo in Paesi a rischio (Cina, Iran, Russia, Corea del Nord, Venezuela), cui ha fatto seguito un nuovo quadro regolamentare molto restrittivo. E anche nell'ambito dei negoziati multilaterali dell'OMC gli USA hanno cambiato approccio, dichiarandosi favorevoli alle limitazioni sui trasferimenti di dati, agli obblighi di localizzare nel territorio nazionale i server e alla revisione dei codici sorgente. Insomma, la guerra tecnologica con la Cina sta facendo tramontare anche oltreoceano l'epoca del *laissez faire* (anzi, del *laissez parler*).

L'intelligenza artificiale

Infine, ultime – ma certamente non di minor rilievo – sono le battaglie per controllare l'intelligenza artificiale (IA). La sua importanza nella società moderna (e ancor più in quella di domani) è ormai scontata: non occorre certo soffermarsi sui tanti benefici che se ne possono ricavare per cittadini, imprese e governi. Ma, oltre agli usi civili, i recenti conflitti in Medio Oriente e Ucraina hanno dimostrato il ruolo determinante che l'IA può svolgere nei conflitti armati, analizzando grandi masse di dati (movimenti satellitari e feed di social media) per indicare dove e quando colpire il nemico, indirizzando droni o altri strumenti che selezionano automaticamente il bersaglio, effettuando una sorveglianza biometrica del nemico, consentendo di assumere rapidamente scelte strategiche, eccetera. È comprensibile, dunque, che gli Stati vogliano avere il controllo delle imprese che sviluppano l'IA per avere accesso prioritario alle nuove applicazioni e soprattutto per non dipendere da fornitori stabiliti in Paesi terzi, potenzialmente inaffidabili se non addirittura ostili. E così, ciascuno cerca, per quanto possibile, di costruirsi un'industria domestica. Tant'è che ad agosto 2024 il «New York Times» ha dedicato una inchiesta – significativamente intitolata *A.I. Nationalism* – alle politiche di diversi Paesi (Arabia Saudita, Emirati Arabi Uniti, Cina, Francia, India) che stanno profondendo ingenti capitali per far crescere delle imprese locali. La corsa agli investimenti per assicurarsi la leadership di mercato continua senza sosta: di recente Trump, per esempio, ha svelato che Soft Bank, Open AI e Oracle investiranno fino a 500 miliardi di dollari per costruire l'infrastruttura dell'IA, Macron – a margine del summit di Parigi dedicato all'intelligenza artificiale – ha annunciato investimenti per 109 miliardi di euro e Von der Leyen ha parlato dell'istituzione di un fondo europeo da 200 miliardi di euro. Questa competizione, tuttavia, non si gioca solo spendendo a piene mani. Gli Stati Uniti hanno una posizione di vantaggio perché hanno costruito un ecosistema di successo nella Silicon Valley e sono in grado di attrarre i migliori cervelli. Inoltre, negli USA ci sono pochi ostacoli sul piano regolamentare, a differenza di quanto sta avvenendo in Europa.

Tra Cina e Stati Uniti è in atto una vera e propria guerra,

combattuta con ogni mezzo, per la leadership dell'IA con intenti geopolitici, non semplicemente per conquistare quote di un mercato lucrativo. Washington, come abbiamo detto, cerca di mettere i bastoni tra le ruote agli operatori cinesi bloccando le vendite di semiconduttori e il trasferimento di masse di dati; Pechino risponde moltiplicando lo sforzo economico. Si pensi che nel 2027 un terzo degli investimenti mondiali nel settore potrebbe provenire da imprese cinesi, un'ingente massa di denaro che preoccupa Washington. Così i Paesi occidentali hanno iniziato a cooperare più strettamente in un'ottica anticinese. Nel comunicato del G7 tenutosi a Hiroshima nel maggio 2023, per esempio, si è parlato anche di governance e interoperabilità dell'IA e si è voluto ribadire che dev'essere utilizzata conformemente ai valori democratici di cui quegli Stati sono portatori (un chiaro, ancorché implicito, riferimento alla Cina che fa ampio uso di strumenti di IA a scopo di sorveglianza). Nel settembre 2024 è stata inoltre aperta alla firma la Convenzione del Consiglio di Europa sull'intelligenza artificiale, i diritti dell'uomo, la democrazia e la *rule of law*, cui hanno finora già aderito, tra gli altri, l'Ue, gli USA e il Regno Unito.

Lo scontro con Pechino si sta consumando anche in merito alla definizione degli standard globali preposti che poi presiederanno all'utilizzo dell'IA. Da tempo, infatti, la Cina ha adottato una politica (China Standards 2035) volta a influenzare la definizione in tutti i settori fortemente innovativi, con l'intento di far adottare internazionalmente standard omogenei a quelli già in vigore al proprio interno in modo da assicurare alle imprese cinesi un netto vantaggio competitivo. L'Ue e gli USA ne hanno ormai preso atto e stanno cercando di porre rimedio assumendo un approccio più aggressivo negli organismi internazionali preposti alla loro fissazione.

L'Unione europea è consapevole della propria strutturale arretratezza in questo settore e cerca di rafforzare il proprio posizionamento. Ancora una volta lo fa soprattutto sul piano normativo. Nel giugno 2024 è stato, infatti, adottato un regolamento, noto come AI Act, che disciplina in modo pervasivo e rigoroso la materia, andando ben al di là del condivisibile divieto di riconoscimento facciale indiscriminato o del tracciamento dei contenuti. Il che ha sollevato delle perplessità (non solo oltreoceano) perché si tratta di un settore ancora in evoluzione e si teme che la nuova normativa possa dissuadere i grandi operatori statunitensi dal fornire taluni servizi nel mercato europeo, come del resto sta accadendo per effetto delle norme già in vigore. L'eurodeputato tedesco Axel Voss, uno dei padri della disciplina europea sulla privacy, ha invitato a non ripetere gli errori, a suo avviso, commessi con il GDPR, anteponendo, per definizione, la protezione dei dati a spese dell'innovazione. Un grido d'allarme che rischia di restare inascoltato. Per ora prevale l'ansia regolatoria. Con alcuni effetti paradossali: tutto il mondo è rimasto a bocca aperta quando il Garante della privacy italiano ha inibito l'utilizzo nel nostro Paese di ChatGPT perché, a suo avviso, la app non forniva sufficienti informazioni agli utenti sul trattamento dei loro dati. Problema agevolmente superato con l'inserimento, per i consumatori geolocalizzati nel nostro Paese, di un disclaimer che – sicuramente – tutti leggono con attenzione...

C'era una volta l'Occidente

Torniamo ai fondamentali

Il quadro macroeconomico che abbiamo descritto nel capitolo precedente mostra un mondo frammentato e sempre più conflittuale. La globalizzazione sembra essere ormai avviata a un inarrestabile declino: i governi premono per riavvicinare (se non addirittura rimpatriare) le catene del valore e limitare gli investimenti esteri, mentre nel discorso pubblico si fanno sentire solo le voci critiche che, tanto da destra quanto da sinistra, ne sottolineano le presunte malefatte. Prima di cercare di capire come siamo arrivati fin qui, ricostruendo la storia economica a partire dal secondo dopoguerra, ci preme definire meglio i termini della questione. A tal fine, è essenziale anzitutto ricordare i principi fondamentali del commercio internazionale e i benefici che la globalizzazione ha recato.

Per gran parte della nostra storia gli scambi commerciali sono stati limitati per effetto delle difficoltà nei trasporti e nelle comunicazioni e della volontà dei sovrani di mantenere il controllo sul territorio e sui propri approvvigionamenti. Il commercio internazionale si limitava perlopiù alle materie prime (di cui non tutti gli Stati erano ugualmente ricchi) e a prodotti particolari (per esempio opere di artigianato che richiedevano abilità o tecniche non comuni). Dietro questo atteggiamento restrittivo c'era anche un'esigenza pratica: per lungo tempo, le uniche basi imponibili che potevano essere effettivamente aggredite – e che quindi potevano alimentare i forzieri dei sovrani – erano la proprietà terriera e, appunto, il commercio internazionale. Fino alle fine del XIX secolo, per esempio, i dazi hanno rappresentato oltre il 90 per cento del gettito federale degli Stati Uniti, contro il 2 per cento attuale. Oggi circa i tre quarti del gettito federale arrivano invece dalle imposte sui redditi (personali e d'impresa) o da tributi a essi collegati (per esempio i contributi pensionistici). Queste grandezze erano difficilmente conoscibili in un'economia largamente informale come era quella del passato.

Finché le attività economiche erano queste, l'economia (intesa come disciplina) non esisteva. È solo con il cambiamento epocale innescato dalla rivoluzione industriale che le cose sono cambiate. Gli studiosi osservavano una fase di forte crescita demografica e si interrogavano sulla capacità del sistema economico di produrre cibo a sufficienza per tutti. Lo stesso Thomas Malthus, il principale esponente di questa corrente di pensiero, successivamente cambiò in parte le proprie idee, rendendosi conto che l'offerta di cibo stava tenendo il passo dell'aumento della popolazione. Fu però Adam Smith il primo a intuire cosa stava accadendo: non a caso, il suo celeberrimo saggio del 1776, *La ricchezza del-*

le nazioni, è considerato il testo fondativo della moderna scienza economica. Smith, e dopo di lui gli economisti classici, compresero che se ciascuno si specializza nelle attività nelle quali è relativamente più produttivo e poi scambia i propri prodotti con quelli altrui, tutti diventano collettivamente più ricchi.

Il filosofo scozzese formulò l'ipotesi che fosse un processo «a mano invisibile» a far coincidere l'interesse individuale dei membri della società con quello collettivo. Basti ricordare la sua citazione forse più famosa: «Non è certo dalla benevolenza del macellaio, del birraio o del fornaio che ci aspettiamo il nostro pranzo, ma dal fatto che essi hanno cura del proprio interesse». Al cuore del progresso c'è la divisione del lavoro. Agli economisti piace usare l'immagine di Robinson Crusoe che inizialmente doveva occuparsi di tutto, ma poi inizia a cooperare con Venerdì: se Robinson si specializza nella coltivazione e Venerdì nella caccia e scambiano reciprocamente i prodotti del loro lavoro, entrambi avranno a disposizione più verdura e più carne di quella che avrebbero se ciascuno individualmente dovesse coltivare al mattino e cacciare al pomeriggio. Questo concetto venne raffinato dagli economisti classici già alla fine del Settecento e nel primo Ottocento (e poi sostanzialmente confermato dalla ricerca empirica successiva). La teoria dei «vantaggi comparati», formulata per la prima volta da David Ricardo nel 1817, postula che il commercio e la specializzazione sono reciprocamente convenienti non solo se uno è particolarmente bravo nella caccia e l'altro nell'agricoltura: se anche Robinson è più produttivo in entrambe le attività, comunque è socialmente desiderabile che si specializzi in quella in cui è relativamente più abile, perché in tal modo si massimizzerà il prodotto complessivo.

Può apparire una discussione teorica, ma così non è. Governi ed élite a un certo punto hanno compreso che il commercio avrebbe favorito la creazione di benessere e hanno pertanto spinto per un'apertura agli scambi internazionali, pur tra mille esitazioni e contraddizioni. La graduale liberalizzazione dei mercati si è alimentata attraverso la creazione di organizzazioni internazionali per disciplinare gli scambi, ed è stata rafforzata dagli effetti del progresso tecnologico che ha semplificato e velocizzato trasporti e comunicazioni. Oggi le barriere fisiche agli scambi – che ne avevano limitato l'estensione nel passato – sono in gran parte venute meno. La scelta se e quanto consentire a individui e popoli diversi di commerciare è legata principalmente alle decisioni politiche dei governi. Le quali risentono, a loro volta, delle priorità dei *policy maker* e delle convinzioni dell'opinione pubblica, specie nei Paesi democratici.

Se, nel corso del Novecento, la popolazione globale è cresciuta a dismisura, il reddito pro capite è aumentato vertiginosamente e la povertà si è ridotta praticamente ovunque nel mondo – vedremo poi meglio alcuni dati in proposito – il merito è soprattutto della globalizzazione, cioè del venire meno delle barriere agli scambi, agli investimenti e all'innovazione. Tornando all'esempio precedente, se la cooperazione tra Robinson e Venerdì migliora la condizione di entrambi (al costo però di far venire meno l'autosufficienza di ciascuno), questo può accadere soltanto se tra i due c'è fiducia reciproca: per conquistare un migliore tenore di vita, ciascuno accetta di diventare dipendente dall'altro e di non poter più sopravvivere da solo. Viceversa, se uno dei due si convincesse che l'altro non è più degno della sua fiducia e si industriasse per tornare a procurarsi da sé tutto ciò di cui ha bisogno, dovrebbe rinunciare a quel po' di benessere che aveva conquistato. E, ciò che è peggio, le conseguenze della sua scelta ricadrebbero pure sul suo ex amico. Come la divisione del lavoro e lo scambio rendono entrambi più ricchi, l'autarchia rende ambedue più poveri.

Quando ragioniamo di guerre economiche e campi di battaglia, dobbiamo pertanto sforzarci di non ascoltare gli slogan normalmente utilizzati nel dibattito pubblico che presentano questi conflitti come «inevitabili» o «necessari» per salvaguardare la nostra economia dai pericoli della competizione globale. Dobbiamo restare ancorati ai «fondamentali». La rinuncia all'interdipendenza economica – quale che sia lo strumento commerciale o regolatorio adottato – ha sempre una conseguenza negativa sul reddito presente e futuro. Talvolta ci sono ottime ragioni per scegliere di troncare o ridurre l'esposizione a filiere industriali troppo lunghe, la dipendenza da Paesi ostili, l'integrazione economica troppo spinta con aziende o territori di cui non ci fidiamo. Ma non si può pensare che questo non abbia conseguenze o addirittura che possa consentire uno sviluppo economico più equilibrato. Oggi dirlo è diventato un tabù sociale, ma la verità è che la globalizzazione ci ha resi più ricchi e il suo contrario ci rende e ci renderà più poveri.

Il nuovo ordine economico internazionale postbellico

A questo punto possiamo fare un passo indietro per cercare di capire come siamo arrivati fin qui. Come cioè l'ordine internazionale faticosamente costruito dopo la Seconda guerra mondiale sia stato pericolosamente compromesso in così poco tempo senza che ce ne accorgessimo. Non è, per la verità, inusuale trovarsi in una situazione difficile, senza avere idea di come ci siamo arrivati. Talora, neppure ci rendiamo conto del pericolo. Secondo il principio della rana bollita, raccontato da Noam Chomsky nel libro *Media e potere* (2014), se i cambiamenti sono sufficientemente lenti, abbiamo la capacità di adattarci, accettando contesti deleteri e rischiosi, senza reagire. Potremmo discutere a lungo delle ragioni di questo fenomeno, ma è indubbio che in questa affermazione c'è del vero.

La teoria pare particolarmente azzeccata per spiegare come gradualmente ci siamo abituati al mondo bellicoso, descritto nei capitoli precedenti, che oggi appare come la nuova normalità. Si pensi che nella Commissione europea oggi vi sono commissari per la «sovranità tecnologica e la sicurezza», la «politica di sicurezza», la «sicurezza economica», la «preparazione e la gestione delle crisi»: scelte lessicali che rinviano nettamente a un senso di insicurezza e quasi di assedio. E dunque all'esigenza di difendersi (dai migranti, dalla concorrenza estera, dagli agenti stranieri, dalle crisi che conosciamo e da quelle di cui non sappiamo nulla, ma che sono dietro l'angolo). Eppure, fino a pochi anni fa vivevamo in condizioni affatto diverse.

Dalla fine della Seconda guerra mondiale, in Europa abbiamo conosciuto un lungo periodo di pace, interrotta solo dalla guerra nella ex Jugoslavia negli anni Novanta. E anche nel resto del mondo, pur non essendo certo venuti meno i conflitti armati, abbiamo assistito a una loro frammentazione e localizzazione cosicché non c'è più stato il rischio di una guerra che potesse coinvolgere direttamente le principali potenze. Quando ci si è avvicinati a tale eventualità – nei momenti di contrapposizione più aspra durante la guerra fredda – le rispettive classi dirigenti hanno agito responsabilmente per evitare confitti armati. Infine, dopo la dissoluzione dell'Unione Sovietica, è stata avviata una politica di disarmo bilaterale e sono stati conclusi trattati per la non proliferazione delle armi atomiche.

Il mondo sembrava allora destinato a un futuro sempre più radioso di pace, cooperazione internazionale e sviluppo economico. Le persone in questi decenni hanno raggiunto elevati livelli di benessere e, in virtù del progresso tecnologico, hanno potuto avvalersi di nuovi servizi e hanno conosciuto una libertà di comunicare e spostarsi senza precedenti. Sono fioriti i traffici commerciali e, grazie alla globalizzazione, sono stati raggiunti risultati impensabili fino a pochi decenni prima. Quello forse più strabiliante è la riduzione della popolazione globale al di sotto della soglia della povertà, sia in valore assoluto, sia in termini relativi: secondo la Banca Mondiale, tra il 1990 e il 2022, il numero di individui che si trovano in questa drammatica condizione è calato da circa 2 miliardi a poco meno di 700 milioni. Il dato è ancora più clamoroso se consideriamo che, nel frattempo, la popolazione globale è cresciuta da 5,3 a oltre 8 miliardi di persone: questo significa che, in proporzione, le persone con un reddito inferiore a 2,15 dollari al giorno (la soglia di povertà convenzionalmente adottata a livello internazionale) sono scese dal 38 per cento al 9 per cento. Tale dinamica può essere osservata indipendentemente dalla soglia di reddito scelta. Insomma: i ricchi saranno anche diventati più ricchi, ma grazie alla globalizzazione i poveri sono diventati meno poveri. Questi progressi non possono essere dati per scontati: anzi, sembra che stiano rallentando, anche per effetto delle politiche di cui discutiamo in questo libro.

È come se ora soffrissimo di una forma di amnesia collettiva che ci impedisce di ricordare questo tempo, tutto sommato recente, della nostra storia. O, forse, ci siamo talmente assuefatti all'attuale elevato tenore di vita da dare tutto ciò per scontato. Per cercare di capire come siamo arrivati fin qui, è necessario fare un passo indietro e ricordare anzitutto i fondamenti dell'ordine economico internazionale stabilito nel secondo dopoguerra che ora è stato messo in grave crisi.

La ricostruzione venne avviata nel presupposto che pace, regole e crescita fossero un connubio inscindibile. Si volevano evitare i gravi errori commessi alla fine della Prima guerra mondiale, ben evidenziati da John Maynard Keynes nel saggio *Le conseguenze economiche della pace*, scritto dopo avere abbandonato la Conferenza di Versailles, in aperta polemica con gli altri delegati per le durissime condizioni imposte alla Germania. Il celebre economista britannico riteneva che fosse, invece, preferibile annullare i debiti di guerra e avviare contestualmente un vasto programma di credito per rilanciare l'economia europea. In altri termini, anziché focalizzarsi sulla sicurezza nazionale e sui confini, voleva spostare l'enfasi delle discussioni sulla crescita. La storia gli diede ragione: nell'arco dei due decenni successivi, crisi economiche, svalutazioni competitive e guerre tariffarie, in un contesto di rinati nazionalismi (politici ed economici), gettarono le basi per il Secondo conflitto mondiale.

Così, già verso la fine della guerra, a Bretton Woods (1944), si volle creare un quadro di regole (monetarie e creditizie) ben definito su cui fondare il nuovo ordine economico internazionale. A tal fine furono istituiti il Fondo monetario internazionale, volto a promuovere la cooperazione monetaria e la stabilità dei rapporti di cambio nonché ad aiutare gli Stati con difficoltà nella bilancia dei pagamenti, e la Banca Mondiale, per finanziare la ricostruzione, sostenere lo sviluppo e la lotta alla povertà. Le regole condivise e le nuove istituzioni internazionali avrebbero dovuto prevenire comportamenti unilaterali, suscettibili di dar luogo ad altri conflitti. Il nesso tra regole condivise e pace – impossibile senza tenere a freno la tentazione di ricorrere alla legge del più forte – era chiaro a tutti. Per le stesse ragioni, nei primi anni del dopoguerra, vennero poste le basi per una regolamentazione su base multilaterale del commercio internazionale (il GATT di cui parleremo più diffusamente nei paragrafi seguenti), in modo da scongiurare il ripetersi delle guerre commerciali degli anni Trenta e favorire la crescita economica.

A tutto ciò si aggiunse lo European Recovery Program (noto come Piano Marshall) – un ingente programma di aiuti economico-finanziari erogati dagli Stati Uniti a 16 Paesi europei – con l'obiettivo di consentire una più rapida ripresa e una trasformazione strutturale delle economie interessate. Il dibattito su quanto il Piano Marshall abbia effettivamente inciso sulla ripresa postbellica è aperto, perché furono molti i fattori che contribuirono al miracolo economico degli anni Cinquanta e Sessanta in Paesi come la Germania e l'Italia. Quello che invece non è in discussione è il senso politico dell'operazione: il piano di aiuti, del valore di circa il 10,5 per cento del Pil europeo di allora e il 5,2 per cento di quello americano in un quinquennio (1948-52), rappresentava il segno tangibile di un'alleanza finalizzata a creare un orizzonte di pace transatlantica (anche) attraverso la costruzione di forti legami commerciali. Non sfugge a nessuno che ciò rispondeva anche all'esigenza geopolitica di arginare l'Unione Sovietica, che stava facendo proseliti in molti Paesi europei (mentre la sinistra tedesca avrebbe presto rifiutato il comunismo col programma di Bad Godesberg nel 1959, l'Italia per lungo tempo ebbe il Partito comunista più grande d'Europa, sebbene anch'esso progressivamente separò i suoi obiettivi da quelli di Mosca). Eppure, ridurre tutto a un mero gioco di scacchi tra la Casa Bianca e il Cremlino sarebbe sbagliato. C'era di più e questo divenne sempre più evidente nello sforzo delle maggiori potenze economiche di allora – l'Europa occidentale e gli USA, appunto – di gettare le basi per una prosperità comune.

Al contempo, ci fu una forte spinta all'integrazione economica su base regionale. Dopo l'Organizzazione per la cooperazione economica europea (OECE), nata per coordinare lo sfruttamento dei fondi del Piano Marshall e favorire la collaborazione tra Stati membri, fu creata l'Unione internazionale dei pagamenti (UEP) per la compensazione e l'aggiustamento delle bilance dei pagamenti e si giunse infine alla nascita delle Comunità europee (la Comunità europea del carbone e dell'acciaio, la comunità economica europea e l'Euratom). Il nuovo ordine economico si fondava, dunque, su un'accresciuta cooperazione degli Stati in politica monetaria, l'apertura degli scambi commerciali e una maggiore integrazione economica. L'idea sottostante – basata su sedimentate esperienze storiche, sull'evidenza empirica che si era andata accumulando e soprattutto sulle ferite ancora visibili del conflitto appena concluso – era che favorendo il benessere generale si eliminassero alla radice i germi dei conflitti.

Pax et commercium

Vi è sempre stata una stretta relazione tra pace e commercio. Si pensi che, nel XVII secolo, le navi che entravano nel porto di Amsterdam – una delle più dinamiche capitali mercantili di allora – erano accolte dalla scritta *Pax et commercium*. Tale motto rappresentava non solo un auspicio che l'economia potesse prosperare attraverso pace e commercio, ma anche un implicito riconoscimento che l'una rende più probabile l'altro e viceversa. Se due Paesi sono interdipendenti dal punto di vista economico, è infatti più difficile per ciascuno entrare in guerra con l'altro, anche perché le relative opinioni pubbliche sono meno inclini ad accettare i rischi e i sacrifici conseguenti, di cui hanno facile e immediata percezione. Questa stretta correlazione tra pace e interdipendenza economica è stata efficacemente definita da Thomas Friedman, nel celebre saggio *Il mondo è piatto*, come «Effetto Dell»: «Due Paesi che fanno entrambi parte di una grande catena di approvvigionamento globale, come la Dell, non combatteranno mai una guerra l'uno contro l'altro finché faranno entrambi parte della stessa catena di approvvigionamento globale». A ciò si aggiunga che l'integrazione dei mercati favorisce la conoscenza reciproca, la collaborazione, gli scambi e, quindi, anche sul piano personale, si attenua quella contrapposizione tra «noi» e «loro» che alimenta la conflittualità.

Ciò non significa, ovviamente, che la guerra tra Stati legati commercialmente sia impossibile. L'invasione dell'Ucraina da parte della Russia – che in tal modo si è messa contro l'intero Occidente, pur senza scendere al livello dello scontro aperto – dimostra che persino Paesi fortemente interconnessi possono entrare in conflitto. Ma, in generale, ciò è assai meno probabile perché sarà la popolazione per prima a non volere l'inevitabile declino del tenore della vita. Se invece due Stati intrattengono limitate relazioni commerciali, hanno relativamente poco da perdere (e pensano di aver più da guadagnare), in termini di accesso ai beni e ai servizi di cui necessitano, e questo rende meno tormentata una eventuale decisione di entrare in guerra.

Per converso, le schermaglie economiche spesso preludono a conflitti armati. Le guerre tariffarie degli anni Trenta, per esempio, indussero la Germania (che, a differenza del Regno Unito non poteva contare su un blocco commerciale di alleati e satelliti dai quali approvvigionarsi) a cercare con le armi materie prime e risorse energetiche di cui necessitava e che non riusciva facilmente ad acquisire. L'espansione a est, con l'invasione della Russia, era – secondo lo storico economico Adam Tooze – la conseguenza della percepita debolezza della propria economia, scarsa di risorse (petrolio in primis) e con un'agricoltura molto arretrata.

La straordinaria espansione economica che abbiamo conosciuto dal secondo dopoguerra a oggi non è dovuta solo alla pace. Diversi altri fattori vi hanno contribuito: le innovazioni tecnologiche, una situazione geopolitica favorevole, ma soprattutto un solido sistema di regole internazionali per il commercio. E qui torniamo all'indissolubile nesso tra pace, regole e crescita. Gli esperti di geopolitica spesso rappresentano l'ordine internazionale come anarchico, o quasi, nel senso che nelle relazioni interstatali non vi è alcuna autorità superiore che detta le norme. Quindi, l'ordine internazionale si regge su un mix tra i rapporti di forza e le regole a cui i singoli attori si autovincolano. Nel caso del commercio internazionale, a partire dal secondo dopoguerra vi è stato un tentativo generoso e in gran parte di successo di regolare non tanto le condotte degli operatori privati – che producono, importano, esportano e vendono beni o servizi – quanto quelle degli Stati, che con le loro norme possono fortemente condizionare le modalità, la direzione e persino l'entità degli scambi.

Multilateralismo e apertura agli scambi internazionali

Torniamo al dopoguerra: per avviare la ricostruzione era essenziale anzitutto riaprire i flussi dei traffici commerciali interrotti dal conflitto. Nel corso del periodo bellico gli scambi si erano, infatti, quasi completamente bloccati, se non – e comunque in misura ridotta – tra potenze alleate. Persino tra queste c'era grande diffidenza. Inoltre, chi più chi meno, tutti i principali Stati avevano riconvertito il proprio sistema produttivo, secondo il modello dell'economia di guerra. Perciò l'industria non produceva i beni richiesti dai consumatori, ma prioritariamente quelli necessari al governo per far funzionare la macchina bellica. Nel momento in cui tali esigenze vennero meno, un mondo impoverito e devastato comprese che riprendere il commercio era nell'interesse di tutti.

Così, fu letteralmente all'indomani della guerra – il 30 ottobre 1947 a Ginevra – che 23 Stati (tra cui l'Italia), dopo appena sette mesi di negoziato, diedero vita al General Agreement on Tariffs and Trade (GATT). L'obiettivo era in realtà più ambizioso: come l'accordo di Bretton Woods nel 1944 (a guerra ancora in corso) aveva plasmato un nuovo sistema giuridico in cui ciascuno Stato membro accettava di vincolare la propria politica monetaria all'obiettivo generale di garantire la relativa stabilità dei cambi, così il GATT si proponeva di porre le basi per un ordine commerciale globale. Nella successiva conferenza dell'Avana del 1948 si decise di dare vita all'International Trade Organization (ITO). Purtroppo, fu presto chiaro che questo obiettivo sarebbe stato irraggiungibile, poiché il Congresso degli Stati Uniti rifiutò più volte di ratificarne la creazione. Così, facendo di necessità virtù, il GATT iniziò a dotarsi di un segretariato e di uno staff e a funzionare come una vera e propria organizzazione internazionale, pur non avendone lo status.

Nel corso dei decenni successivi, sotto la sua egida, si svolsero otto round negoziali, sempre più complessi, che consentirono di concordare regole comuni e deliberare una progressiva riduzione dei dazi doganali, inizialmente su specifici prodotti, poi in maniera generalizzata, in modo da favorire lo sviluppo del commercio internazionale. Il primo era durato appena sette mesi: l'ottavo e ultimo, noto come Uruguay Round, durò ben 87 mesi, coinvolgendo 123 Paesi differenti. L'allungamento delle trattative era legato, da un lato, all'aumento del numero di Stati aderenti e, dall'altro, alla crescente complessità dei temi trattati. In particolare, a partire dal Tokyo Round del 1973 alla discussione sulle barriere tariffarie (cioè sulla riduzione dei dazi reciproci) si affiancò quella sulle barriere non tariffarie, cioè tutte quelle misure che gli Stati possono adottare per limitare l'importazione di beni dall'estero. Esempi ne sono l'imposizione di quote all'importazione, le regole sull'origine delle merci, i requisiti sanitari e fitosanitari o le caratteristiche dell'etichettatura, del packaging o della tracciabilità dei prodotti.

Iniziato nel settembre 1986, l'Uruguay Round si concluse il 15 aprile 1994 a Marrakech con alcune decisioni fondamentali. Il principale risultato era di metodo: vista l'ampia partecipazione, ormai il GATT aveva da tempo acquisito la caratteristica del multilateralismo. In pratica, le decisioni lì assunte non riguardavano solo pochi Paesi, ma avevano una dimensione di fatto globale. L'utopia di un sistema sovranazionale di disciplina degli scambi commerciali sembrava a portata di mano. In quella sede, si riuscì finalmente a trovare la quadra per dare vita a una vera e propria organizzazione internazionale che non si era stati in grado di insediare quasi cinquant'anni prima. Nacque così l'Organizzazione mondiale del commercio (OMC), sorretta da un trattato internazionale (la revisione del GATT, tanto che si fa riferimento al GATT 1994 per distinguerlo da quello originario). L'Organizzazione doveva sovrintendere al rispetto di nuovi accordi, che riguardavano, tra l'altro, il commercio internazionale di servizi (e quindi non più soltanto di beni) attraverso il General Agreement on Trade in Services, la proprietà intellettuale attraverso l'Agreement on Trade-Related Aspects in Intellectual Property Rights e la protezione degli investimenti esteri attraverso le Trade-Related Investment Measures. È importante segnalare che l'OMC – il cui primo direttore generale fu l'italiano Renato Ruggiero – venne dotata di un apposito organismo per la risoluzione delle dispute tra gli Stati: una sorta di tribunale internazionale del commercio, di cui gli Stati membri riconoscevano l'autorità e l'imparzialità e le cui decisioni essi si impegnavano a seguire e rispettare.

Il nuovo modello, fondato sull'OMC, sembrava destinato a imporsi e diventare imprescindibile, superando e sussumendo tutti gli altri accordi che coinvolgevano due Stati (bilaterali) o un numero limitato di essi (plurilaterali). Anzi, questi ultimi venivano visti come un ostacolo perché, anziché convergere in un ordinamento globale, finivano per creare delle «isole» al suo interno. Nel novembre del 2001, gli Stati membri della OMC erano diventati 159 e appena un mese dopo ne sarebbe arrivato un centosessantesimo molto particolare, cioè la Cina. Fu proprio con l'idea di fare un ulteriore e decisivo passo che, in quel momento, prese il via con grandi speranze il nono round negoziale (nonché primo della nuova organizzazione), noto come Doha Round. L'obiettivo era di perseguire una politica ad ampio raggio di liberalizzazione del commercio internazionale che riguardasse sia i prodotti agricoli, sia i beni industriali sia, infine, i servizi. Questo round negoziale, però, non ha avuto il successo dei precedenti: a distanza di oltre un ventennio è infatti formalmente ancora aperto. Ha condotto solo alla conclusione di accordi su alcuni aspetti specifici, ma anche in questo caso il più recente risale al vertice di Bali del 2013. Insomma: nella sostanza, possiamo dire non solo che il Doha Round è fallito, ma che il suo fallimento non ha portato ad alcuna correzione di rotta. Al contrario, ha determinato la paralisi del ramo politico dell'Organizzazione.

Dopo una lunga fase di continua e progressiva apertura, la spinta propulsiva si era ormai esaurita, e proprio nel momento in cui il miraggio di un compiuto ordine multilaterale sembrava concretizzarsi, esso cominciò invece a farsi sfuggente e lontano. Il motore si era ingrippato ed era nel frattempo cambiato tutto. Il punto di partenza di questo lungo e positivo percorso, nel 1947, era un mondo distrutto dagli scontri e dalle bombe, nel quale il commercio era in ripiego a causa di una profonda sfiducia reciproca tra i Paesi che fino a poco prima erano belligeranti e da sistemi economici subordinati alle esigenze belliche stabilite dai governi. I leader di allora, però, avevano compreso che solo attraverso una riapertura agli scambi internazionali si sarebbe potuto uscire dal tunnel e gettare le basi per una crescita sostenuta. Tutti erano consapevoli degli errori commessi in precedenza e non volevano ripeterli. Viceversa, a partire dagli anni Duemila il mondo si è trovato molto più aperto, ma – nella percezione di larghe fasce della popolazione – anche più fragile e incerto (percezioni, a dire il vero, solo in parte giustificate dai fatti).

Il boom degli investimenti diretti esteri

La pace non ha portato solo un incremento nello scambio di beni e servizi (cioè un'espansione del cosiddetto «mercato dei prodotti»). Il processo di apertura reciproca delle economie è stato assai più profondo. Così come un'azienda straniera può comprare e utilizzare componenti italiane (le quali a loro volta sono realizzate a partire da altre parti ancora provenienti da differenti Paesi), quella stessa azienda potrebbe voler acquistare delle quote del capitale dei propri fornitori o di clienti o di aziende attive in mercati contigui, integrandosi verticalmente oppure orizzontalmente. Quando ci si sposta dal mercato dei prodotti a quello del controllo delle aziende si utilizza l'espressione «mercato dei fattori», facendo riferimento ai fattori della produzione (capitale e lavoro) dalla cui combinazione deriva l'attività economica.

All'indomani della Seconda guerra mondiale, come abbiamo visto, i mercati avevano prevalentemente dimensione nazionale: i prodotti venduti, per esempio, in Italia venivano realizzati in gran parte nel Paese stesso e da aziende italiane. Non che non vi fossero scambi internazionali, logicamente, ma essi avevano un peso assai inferiore a oggi. Ciò dipendeva dalla divisione del mondo in blocchi, ma anche dalla minore complessità dei prodotti. Man mano che la tecnologia si è fatta più complessa, e operatori di Paesi diversi hanno cominciato a cooperare, la dimensione nazionale dei mercati si è fatta sempre più insostenibile. La creazione di catene del valore ampie e «lunghe» è stata essenzialmente una necessità pratica: ancora una volta, è stata l'utilità a guidare la politica, spingendo verso forme di apertura che rendevano possibile sfruttare al meglio i vantaggi comparati di ciascun Paese (la dotazione di materie prime, le competenze dei lavoratori, le tradizioni e il know-how) a beneficio di tutti.

L'autarchia – che i regimi nel periodo tra le due guerre mondiali consideravano un ideale a cui tendere – si è trasformata rapidamente in un incubo e si è fatta strada l'opinione che, così come siamo pronti a comprare prodotti esteri, possiamo accettare la presenza di imprese straniere direttamente sul nostro territorio. Anche questa non era una novità degli anni Cinquanta: vi era una lunga tradizione di cooperazione e insediamento di imprese straniere. Solo che sovente questo fenomeno era limitato a quei settori dove queste ultime avevano un oggettivo e incolmabile vantaggio. Per esempio, furono soprattutto imprese angloamericane a portare in Europa i prodotti petroliferi, e furono quindi esse tra le prime a presidiare questo business nei mercati di destinazione. Per citare solo un caso tra i molti, l'americana Esso fu tra i primi operatori internazionali del settore Oil & Gas a stabilirsi nel nostro Paese, partecipando alla fondazione della Società italo-americana del petrolio (Siap) a Venezia nel 1891. Sebbene fossero presenti anche all'epoca imprese italiane, per avere una forte presenza del settore bisognerà attendere la fondazione dell'Agip nel 1926 e poi, soprattutto, la creazione dell'Eni da parte di Enrico Mattei (che peraltro aveva avuto l'incarico di liquidare l'Agip per chiudere la parentesi della presenza pubblica nel comparto petrolifero...).

Fu però nel secondo dopoguerra – e poi nella fase di boom della globalizzazione, dopo il crollo sovietico – che il fenomeno degli investimenti diretti esteri conobbe un'accelerazione senza precedenti. Questo fu reso possibile anche dal progressivo venir meno delle diffidenze politiche, dalla crescente mobilità dei capitali e dalla sempre più complessa specializzazione tecnologica che nella pratica impose, da un certo punto in poi, di aprire le porte ai titolari della proprietà intellettuale nei vari ambiti se non si voleva rimanere tagliati fuori dal progresso tecnologico oltre che economico. Il valore degli investimenti diretti esteri passò così dallo 0,8 per cento del Pil globale nel 1970 all'1,5 per cento alla fine del millennio (nel 2022 superavano l'1,7 per cento). La crescita degli investimenti diretti esteri andò di pari passo – e questo non dovrebbe sorprendere – con la crescita del commercio internazionale, perché coi beni si spostavano i processi produttivi. Così l'insediamento di imprese estere in un territorio era (ed era percepito) come un'opportunità non solo di occupazione, ma anche di sviluppo e – nei Paesi relativamente più arretrati, inclusa l'Italia – anche di trasferimento tecnologico e di nuove pratiche manageriali all'ecosistema delle imprese locali. Naturalmente ciò comportò spesso una convivenza difficile, perché non sempre le imprese straniere erano portatrici di una cultura, specie nel campo delle relazioni industriali, facilmente compatibile con sistemi giuridici che rispecchiavano differenti sensibilità e preferenze sociali. Per esempio, le multinazionali americane spesso faticavano a comprendere i sistemi sociali europei (e viceversa). Eppure, questo connubio fu, e ancora è, un grande motore di crescita.

Privatizzazioni, liberalizzazioni e internazionalizzazione delle imprese

Dietro la crescita degli investimenti diretti esteri vi fu, almeno da un certo punto in poi, anche una ragione più strettamente politica. Una delle conseguenze sia della tensione autarchica nella prima metà del XX secolo, sia del crescente interventismo statale fino almeno agli anni Settanta fu la costituzione di imprese pubbliche, non di rado con caratteristiche di monopolio legale, nei settori considerati «strategici» (l'energia, le telecomunicazioni, i trasporti…). Per esempio, in Italia si insediarono come «campioni nazionali» l'Eni, già citata, la cui costituzione risale al 1953, l'Enel (1962), la Stet (che entrò nel mercato delle telecomunicazioni a partire dal 1933), l'Azienda autonoma delle Ferrovie dello Stato (1905) e le Poste, la cui origine coincide addirittura con l'unificazione nazionale (1862). Fenomeni simili si verificarono, in momenti differenti, un po' in tutta Europa e in gran parte del mondo (con la considerevole eccezione degli Stati Uniti che, pur avendo una tradizione di imprese pubbliche soprattutto a livello locale, non si spinse mai al livello europeo). La performance delle imprese pubbliche venne messa sempre più esplicitamente sotto accusa, a partire dagli anni Settanta. Anche qui furono diverse le ragioni: il progresso tecnologico rese obsoleto e insostenibile il monopolio in molti settori, il controllo della politica e l'assenza di pressioni concorrenziali produssero sprechi e ruberie, e in generale vi fu un sempre più marcato cambio nell'orientamento politico. Fatto sta che le imprese pubbliche, da «patrimonio della nazione», si trasformarono presto, agli occhi di larga parte dell'opinione pubblica, in carrozzoni intollerabili. La cosa divenne conclamata negli anni Ottanta, grazie soprattutto al cambiamento innescato da Margaret Thatcher che aveva vinto le elezioni politiche britanniche del 1979.

Thatcher portò una rivoluzione che si tradusse (tra l'altro) in una politica ad ampio raggio di liberalizzazioni (facendo venire meno i monopoli protetti in cui operavano molte imprese pubbliche) e privatizzazioni (disponendo la vendita ai privati delle aziende pubbliche, a volte spezzettate in modo da accelerare il processo concorrenziale). L'esempio britannico fu seguito da molti altri Stati, europei e no, anche perché in tal modo era possibile ricavare un gettito da utilizzare per finanziare investimenti pubblici o per abbattere i debiti pubblici che stavano cominciando a gettare la propria ipoteca sul potenziale di crescita di molti Paesi industrializzati. Così, tra il 1990 e il 2003 circa 120 Stati misero in atto oltre ottomila operazioni di privatizzazione, ottenendone un gettito complessivo di 410 miliardi di dollari dell'epoca. Nel solo 1997 le privatizzazioni (principalmente in Europa e in America Latina) generarono un gettito a livello globale di quasi 70 miliardi di dollari, corrispondenti a 140 miliardi di dollari di oggi.

Perché la questione è rilevante? Perché le privatizzazioni furono un grande volano di internazionalizzazione: le imprese internazionali più competitive colsero l'occasione per investire nei Paesi che stavano smantellando i monopoli. Per esempio, fino alla fine degli anni Novanta in Italia le telecomunicazioni e l'energia elettrica erano monopoli legali, cioè nessuno era autorizzato a fornire servizi né i consumatori potevano scegliere il fornitore. Oggi, sebbene l'Italia abbia mantenuto un importante presidio pubblico in tali settori, i consumatori possono scegliere tra una pluralità di imprese che spesso fanno riferimento alla casa madre in Francia, Germania, Regno Unito, Repubblica Ceca, Stati Uniti e così via.

Insomma: mentre cresceva il commercio internazionale, cresceva anche il grado di internazionalizzazione delle economie e aumentava la presenza estera nei mercati nazionali. Ciò contribuiva a rafforzare i legami tra i sistemi economici e le interdipendenze, in quello che – all'epoca – era visto come un processo virtuoso. Infatti, da esso ci si attendeva sia un contributo agli equilibri geopolitici, sia uno alla crescita. E questo lo si vede bene dalla co-evoluzione del commercio, degli investimenti e dei negoziati globali sugli scambi (e sulla protezione degli investimenti).

Dallo spazio vitale al mercato comune

Tutto ciò di cui abbiamo parlato nelle pagine precedenti (pace, regole, commercio, investimenti, crescita) è lampante nel modo in cui si è sviluppata l'Unione europea, perché il nesso tra tutti questi elementi è non solo evidente, ma addirittura esplicito fin dall'origine. Il processo ebbe inizio con la creazione di accordi settoriali, ma interconnessi, che diedero vita a tre comunità europee. La prima, la Comunità europea del carbone e dell'acciaio (CECA), nacque nel 1951 proprio per superare l'antica contrapposizione tra Francia e Germania per il controllo della Ruhr e della Saar (dove erano localizzati i principali giacimenti di carbone e minerali), che nell'arco di un secolo, aveva portato a tre sanguinose guerre. L'idea – semplice, ma al tempo stesso rivoluzionaria – era di creare un mercato comune del carbone e dell'acciaio, favorendo la libera circolazione di tali fondamentali risorse e il libero accesso alle fonti di produzione. Siamo chiaramente agli antipodi rispetto alle forme di sovranismo che caratterizzano le politiche economiche attuali, volte, invece all'accaparramento delle risorse naturali, in nome della sicurezza nazionale. Un esperimento così ben riuscito che fu reiterato pochi anni dopo (nel 1957) con l'Euratom che garantì (e tuttora garantisce) a tutti gli utilizzatori negli Stati membri l'approvvigionamento delle materie nucleari (minerali, materie grezze e materie fissili speciali), evitando pericolose competizioni per procurarsi materiali scarsi e preziosi.

Nello stesso anno fu varata anche la Comunità economica europea (CEE), che ha dato origine a un grande mercato ove possono circolare liberamente merci, persone, servizi e capitali. Memori dei disastri cagionati dalla retorica nazionalistica di Hitler dello «spazio vitale», espressione che ancor oggi fa rabbrividire, i padri dell'Europa avevano promosso la creazione di un «mercato comune», un concetto di chiara impronta multilateralista che persegue scopi economici e non geopolitici. All'impianto universalista del GATT si affiancava così il modello di integrazione regionale della CEE: nonostante le apparenti contraddizioni, hanno potuto convivere con successo condividendo l'obiettivo comune di aprire i mercati e stimolare lo sviluppo dei flussi commerciali.

Fin dalla premessa del Trattato istitutivo della CEE era chiaro come l'integrazione fosse preordinata al perseguimento della pace in Europa: l'esplicito intento era, infatti, di «rafforzare, mediante la costituzione di questo complesso di risorse, le difese della pace». Al primo articolo, che definiva gli obiettivi della Comunità, si precisava poi che l'instaurazione del mercato comune e il graduale ravvicinamento delle politiche economiche degli Stati membri, miravano a «uno sviluppo armonioso delle attività economiche nell'insieme della Comunità, un'espansione continua ed equilibrata, una stabilità accresciuta, un miglioramento sempre più rapido del tenore di vita e più strette relazioni fra gli Stati che ad essa partecipano». Libero commercio, benessere e pace, nell'ottica comunitaria, andavano dunque di pari passo e si rafforzavano reciprocamente.

Nel corso del tempo, la CEE è andata allargandosi, passando dai sei originari agli attuali ventisette Stati membri (ventotto contando anche il Regno Unito che ne è stato parte fino al 1° febbraio 2020). Gradualmente la Comunità si è trasformata, incrementando i campi d'azione, le competenze e gli stessi obiettivi (crescita sostenibile, protezione dell'ambiente, occupazione, protezione sociale, eccetera). A un certo punto, con il Trattato di Maastricht (1992), la denominazione è mutata in Comunità europea per evidenziare che non si occupava solo di questioni «economiche», ma – pur allargandosi ad altri settori (occupazione, giustizia, libertà, affari interni, eccetera) – restava sempre prevalente la dimensione economica. Infine, col Trattato di Lisbona (2007) è nata l'Unione europea che conosciamo. Lo spazio per gli Stati per far valere eccezionalmente la propria sovranità e l'interesse nazionale è sempre stato assai limitato e, comunque, assoggettato al controllo della Corte di giustizia, onde evitare abusi.

Negli anni si sono moltiplicate anche le regole che disciplinano la condotta degli Stati membri, delle imprese e dei cittadini europei (talora, forse, in modo eccessivo) per evitare comportamenti unilaterali, opportunistici, egoistici che potrebbero mettere a repentaglio la costruzione europea. Il divieto di aiuti di Stato, per esempio, previene la possibilità di creare campioni nazionali a scapito delle regole sulla concorrenza; le regole di governance economica mirano a prevenire deficit e debito eccessivo o squilibri macroeconomici che potrebbero avere un effetto pregiudizievole sull'intera eurozona. Insomma, anche se molto è cambiato in questi decenni, il disegno iniziale di accrescere la coesione economica e sociale e la solidarietà tra Stati membri per assicurare la pace in Europa è rimasto intatto.

If it ain't broke, don't fix it

Gli anglosassoni hanno un modo di dire assai efficace: «Se qualcosa non è rotto, non c'è ragione di aggiustarlo». Da quello che abbiamo raccontato sembra che tutto andasse splendidamente, almeno fino ai primi anni Duemila quando termina il nostro resoconto. Ma se alle spalle abbiamo questa età dell'oro, come è possibile che – oggi – ci sentiamo assediati dal nazionalismo politico, dal sovranismo economico e dalla guerra?

Lo vedremo meglio nel prossimo capitolo, ma vale la pena mettere fin da subito le mani avanti. In primo luogo, sebbene la tendenza nella seconda metà del secolo passato sia stata quella che abbiamo descritto, essa non è stata né facile né indolore né priva di contraddizioni. Pur in un contesto di progressiva apertura, spesso i singoli Paesi cercavano di tirare la coperta dal proprio lato, proteggendo le imprese nazionali e mettendo i bastoni tra le ruote di quelle estere. Lo vediamo persino nell'Unione europea, dove ciascuno vorrebbe, come si dice, che le regole fossero applicate per gli altri, ma interpretate per sé. Quindi ogni progresso sul fronte dell'apertura e del multilateralismo è arrivato al costo di negoziati defatiganti, spesso fatti di un intreccio di concessioni reciproche che non sempre hanno prodotto gli esiti desiderati.

In secondo luogo, sarebbe erroneo mettere sullo stesso piano il mondo di oggi e quello di ieri: viviamo in una società più complessa e più ricca che negli anni Cinquanta. È cambiata la direzione di marcia: mentre in quel periodo, più chiuso e sospettoso, c'era un tangibile sforzo delle classi dirigenti di perseguire apertura e integrazione, nel nostro mondo si assiste a una sorta di riflusso. Per usare un'altra espressione anglosassone, viene da chiedersi se non abbiamo avuto *too much of a good thing* – se non abbiamo ecceduto nel somministrare riforme che, di per sé, erano buone. Se non abbiamo fatto un uso eccessivo della medicina che ci era stata prescritta, se non abbiamo fatto indigestione di una pietanza che inizialmente ci piaceva, ma che ora ha finito per nausearci. Se, cioè, quelle stesse manovre che hanno posto le basi per la nostra ricchezza odierna non hanno anche depositato i germi del nostro malessere, quali diseguaglianza, fragilità economica, precariato: ne discuteremo in seguito.

Infine, il mondo si è trovato ad affrontare sfide di fronte alle quali era impreparato: non solo il riscaldamento globale e la pandemia, ma anche la sicurezza informatica, la carsica riemersione del terrorismo e adesso la guerra belligerante e caldissima in luoghi a noi vicini, come l'Ucraina e il Medio Oriente. Questi problemi globali hanno creato importanti occasioni di collaborazione: lo sforzo per sviluppare a tempi di record e poi diffondere in tutto il mondo i vaccini contro il coronavirus è un successo strepitoso, non solo della ricerca farmaceutica, ma anche della cooperazione internazionale. Eppure, abbiamo assistito a una sorta di riflesso condizionato che ci ha spinti a riesumare la vecchia cassetta degli attrezzi: in fondo, si era sempre fatto così, quando i quattro cavalieri dell'Apocalisse – carestia, guerra, pestilenza e morte – si erano messi in moto. Come nel passato, questa reazione rischia non solo di non risolvere i problemi, ma addirittura di aggravarli: un po' come l'autarchia degli anni Trenta ha spianato la strada alla Grande Depressione e alla Seconda guerra mondiale. Anche sotto questo profilo, per fortuna, viviamo in un mondo diverso e migliore: banalmente quelle esperienze le abbiamo già vissute, studiate e in buona misura comprese. Ma a volte le lezioni apprese sui libri vanno sperimentate sulla propria pelle, per essere davvero efficaci; altrimenti finiscono per essere dimenticate. È quello che sta accadendo? Per rispondere, bisogna anzitutto riprendere il filo del racconto e mostrare cosa, nell'ultimo quarto di secolo, ha fatto esaurire la spinta ottimistica e fiduciosa che abbiamo descritto in questo capitolo.

Il mondo si richiude

Emergenza permanente

Il faticoso e complesso processo di apertura che abbiamo raccontato nel capitolo precedente ha contribuito a rinsaldare i rapporti politici e commerciali non solo tra i Paesi occidentali, reduci dalla guerra, ma anche con quelli appartenenti al blocco orientale e altri geograficamente più lontani e con tradizioni assai diverse. Tutto ciò è storia passata. I Paesi si stanno ripiegando su loro stessi, la politica economica viene per lo più condotta in nome della sovranità e della sicurezza nazionale e le occasioni di conflitto si moltiplicano.

Le varie crisi – susseguitesi negli ultimi decenni, l'una dopo l'altra, quasi senza soluzione di continuità – hanno offerto il destro per invertire il senso di marcia, gettando a mare in pochi anni i progressi compiuti a partire dal secondo dopoguerra. Nelle circostanze eccezionali venutesi a creare, è stato infatti possibile giustificare il «temporaneo» (*sic*) abbandono delle politiche di apertura e responsabilità fiscale, dando la stura a protezionismo, interventismo pubblico, conflittualità permanente (non solo con Paesi rivali, ma anche con quelli alleati) in nome della sovranità strategica e della sicurezza nazionale. Di quello, cioè, che abbiamo chiamato capitalismo di guerra.

La prima crepa si è aperta con la crisi dei mutui subprime e il fallimento di Lehman Brothers (15 settembre 2008). Le perturbazioni si sono ben presto estese al resto del mondo, trasformando una crisi finanziaria americana in una recessione globale e determinando, in Europa, un contagio che dagli istituti finanziari si è trasmesso agli stessi bilanci degli Stati (la crisi dei debiti sovrani). Gli impatti di questi fenomeni sono stati duraturi. L'economia ha infatti «ballato» fino almeno al 2014. E la crisi ha consentito ai populisti e neosovranisti di canalizzare l'ostilità di tutti coloro che ne erano stati in qualche modo investiti nei confronti della precedente retorica «mercatista» (come all'epoca veniva spregiativamente chiamata), aprendo le porte a politiche economiche di segno completamente opposto. Sicché l'eredità politica di quella fase è ancora con noi.

I molteplici interventi pubblici per sostenere i mercati, prevenire crisi sistemiche e favorire la ripresa economica sono ben noti: ingenti pacchetti di stimolo, salvataggi degli istituti di credito, ingresso nel capitale di grandi imprese, utilizzo aggressivo della politica monetaria per sostenere l'economia con misure «non convenzionali». Non vogliamo dilungarci su fatti ormai ampiamente raccontati, ma semplicemente soffermarci sulle conseguenze che hanno prodotto. La risposta delle élite politiche occidentali alla crisi finanziaria e dei debiti sovrani, per quanto all'epoca possa essere sembrata senza alternative, rappresenta il primo passo su quella che gli anglosassoni chiamano *slippery slope* (una discesa scivolosa).

Dopo quella grande recessione, nell'arco di pochi anni, si sono succedute altre due situazioni non meno drammatiche ed emergenziali: la pandemia e la crisi energetica. E, naturalmente, anch'esse hanno richiesto misure eccezionali. La risposta alla crisi economica innescata dal Covid-19 ha comportato maggiore intervento pubblico, rottura di ogni equilibrio di bilancio (nell'Ue è stata perfino attivata la clausola di salvaguardia che nella sostanza ha sospeso il patto di stabilità) e «via libera» agli aiuti di Stato. La spesa pubblica, tra ristori, compensazioni e sgravi fiscali temporanei, è letteralmente esplosa. Non ci eravamo ancora lasciati alle spalle il Covid-19 che è scoppiata la crisi energetica. Il problema – soprattutto per l'Europa – è deflagrato con l'invasione dell'Ucraina da parte della Russia, anche se vi era già da almeno un semestre una forte onda rialzista. Ciò ha spinto alle stelle i prezzi delle commodities energetiche, in particolare il gas, inducendo gli Stati a correre ai ripari adottando non solo politiche di spesa senza precedenti, ma anche interventi di altro genere, spesso con effetti invasivi sul funzionamento dei mercati e sulla libertà di scambio.

Tutti questi strumenti, adottati in teoria per stimolare la ripresa postpandemica e schermare famiglie e imprese dai rincari dell'energia, in pratica sono stati utilizzati, in misura rilevante se non addirittura prevalente, per la difesa dei «nostri» interessi contro quelli degli «altri». Basta ricordare le misure che apertamente ostacolavano la libera circolazione dei capitali per impedire le acquisizioni societarie dall'estero e il ricorso massiccio e distorsivo agli aiuti di Stato, temporaneamente consentiti, per rafforzare le proprie imprese nella competizione europea. Si pensi che Germania (74 miliardi di euro), Francia (45 miliardi di euro) e Italia (27 miliardi di euro), hanno da sole speso complessivamente il 64 per cento del totale degli aiuti erogati a livello europeo.

In sostanza, questo susseguirsi di emergenze ha dato il la all'adozione di politiche che sono andate ben oltre l'emergenza stessa e si sono protratte anche dopo che essa era rientrata. Lo Stato si è così sentito legittimato a far (ri)sentire prepotentemente la propria voce nell'economia: dopo trent'anni di privatizzazioni, sono riprese le nazionalizzazioni e la politica industriale è assurta a un ruolo primario. Gli interessi dei governi si sono riallineati a quelli delle aziende partecipate, dimostrando una crescente sfiducia nelle istituzioni multilaterali. Insomma, per dirla con una efficace locuzione coniata dall'«Economist», siamo entrati nell'era della *homeland economics*: una pericolosa combinazione di protezionismo, elevate sovvenzioni, ideologia fortemente interventista, il tutto gestito da uno Stato sempre più ambizioso e invadente.

Si è così innescato un pericoloso circolo vizioso: l'ansia crescente in diffuse fasce della popolazione si è tradotta in politiche che a loro volta hanno finito per cagionare ulteriori motivi di insoddisfazione e frustrazione sociale. Pensiamo alle politiche monetarie «non convenzionali», che hanno mantenuto attorno, o addirittura sotto, allo zero i tassi di interesse per oltre un decennio. Forse non c'era alternativa alla strada che si è seguita, quanto meno per un certo periodo. Ma questa drastica riduzione nel costo del denaro, oltre a dare ossigeno all'economia nell'immediato, ha anche stimolato un fenomeno noto come *asset inflation*, cioè l'incremento dei valori patrimoniali dei beni, dagli immobili ai titoli azionari, che hanno raggiunto livelli record. Ciò ha contribuito a una crescente divaricazione tra il valore dei risparmi dei più benestanti e del resto della popolazione, favorendo soprattutto i primi: chi già possedeva una casa in centro o un conto titoli ha visto il valore dei propri possedimenti lievitare, quasi senza averne alcun merito. L'aumento delle disuguaglianze e la convinzione che queste fossero dovute alla «cattura» della politica da parte di interessi economici – tesi rafforzata dall'impressione che i salvataggi pubblici andassero sempre a vantaggio dei «soliti noti» – ha alimentato la polemica anti-mercatista. Sarebbe ovviamente sbagliato postulare un nesso quasi deterministico tra i fatti economici e i cambiamenti nell'opinione pubblica, che è influenzata da numerosi elementi. Ma è chiaro che i fatti e la loro rappresentazione incidono sul giudizio che le persone danno del sistema economico e politico nel suo complesso che tende inevitabilmente a essere sommario. Sicché, la montante insoddisfazione ha finito per rovesciarsi sull'intero «mondo di ieri», a torto o a ragione. E questo ancor più nel momento in cui quelle stesse politiche (salvataggi, moneta facile e spesa pubblica incontrollata) che pure rappresentavano un tradimento e non la realizzazione dei principi del «neoliberismo» – hanno alimentato l'inflazione anche nei beni di consumo. Vedere i ricchi farsi più ricchi, il valore degli immobili e degli affitti crescere, e infine anche il costo della vita esplodere non poteva che far dilagare il populismo.

L'ambito in cui questi cambiamenti sono stati più visibili è forse quello della (richiesta di) sicurezza. In un recente libro (*Il governo mondiale dell'emergenza*), Alessandro Colombo, docente di Relazioni internazionali dell'Università Statale di Milano, ha argomentato che la nostra percezione di in/sicurezza si è dilatata nel tempo, in parte anche perché abbiamo alzato l'asticella del livello di sicurezza che ritenevamo appropriato. Quindi ci siamo sentiti minacciati e queste minacce hanno assunto una dimensione sempre più vasta e imponderabile – se non proprio globale. «La progressiva espansione della nozione di sicurezza» scrive Colombo «ha prodotto il risultato esattamente opposto: quello di espandere nella stessa misura (cioè senza misura) la nozione di "minaccia" alla sicurezza, fino a immergere la comunità internazionale (o, meglio, i Paesi più forti che parlano a nome della comunità internazionale) in una sorta di "stato d'emergenza" permanente – tanto generalizzato da poter essere concepito, all'interno degli Stati, come "paradigma di governo" e, al loro esterno, come quella soglia di indeterminatezza tra pace e guerra che si è già realizzata nella cosiddetta guerra globale al terrore.» Quasi a volergli fare eco, in un discorso tenuto alla Conferenza sulla sicurezza di Monaco il 14 febbraio 2025, la presidente Von der Leyen ha detto: «Quando in Europa adottiamo una mentalità dell'urgenza, siamo una forza che può muovere le montagne. Dai vaccini all'indiscusso supporto all'Ucraina fino alla sicurezza energetica, l'Europa ha mostrato di sapersi destreggiare. Dobbiamo adottare questa mentalità dell'urgenza in modo più permanente».

Il canarino nella miniera

Sebbene la situazione si sia deteriorata rapidamente soprattutto negli ultimi anni, le prime avvisaglie di questo cambio di direzione si erano intraviste già all'inizio di questo secolo, quando l'oliato meccanismo del commercio internazionale, descritto nel capitolo precedente, ha cominciato a ingripparsi. Le imponenti manifestazioni dei movimenti no global (dal vertice OMC di Seattle nel 1999 in poi) e la crescente ostilità dell'opinione pubblica, suffragata da levate di scudi contro la globalizzazione di influenti maîtres à penser e dei media di opposizione, suonavano un campanello d'allarme. Così come il canarino avverte gli operai dell'esistenza di gas letali nella miniera, il fallimento del Doha Round inequivocabilmente segnalava che nella politica globale cominciava a farsi strada il pericoloso germe del sovranismo economico. Eppure, abbiamo tardato a riconoscere la natura del problema, illudendoci che fosse solo una battuta d'arresto transitoria e, pur abbandonando l'utopia di una cornice multilaterale, si potesse continuare il processo di graduale apertura dei mercati mediante accordi di libero scambio bilaterali o regionali (plurilaterali).

Ciò ha però contribuito a disgregare lo scenario globale, invertendo la tensione verso l'unitarietà dell'ordinamento che aveva caratterizzato il periodo precedente. E comunque, i più importanti tra questi trattati – la Transatlantic Trade and Investment Partnership (TTIP) tra gli USA e l'Ue e la Trans-Pacific Partnership (TPP) tra gli USA e i Paesi del Pacifico – sono anch'essi falliti. Il primo è stato formalmente affossato da Donald Trump non appena insediatosi alla Casa Bianca nel 2017. Di fatto, però, gli europei non avevano fatto nulla per impedirne l'esito ormai scontato e la stessa amministrazione Obama, che ne era stata promotrice, aveva da tempo abbandonato le speranze lasciando che il suo successore facesse il lavoro sporco. Da allora l'Ue ha approvato o continuato a negoziare altri accordi – i principali sono quelli col Canada (CETA) e col Mercosur – ma nessuno di essi è paragonabile, per portata e per ambizione, al TTIP. Non ha avuto sorte migliore il TPP: Trump lo ha abbandonato nel 2017. I rimanenti Paesi – undici Stati tra cui Giappone, Canada e Messico – ne hanno negoziato una versione ridotta, in vigore dal 2018.

Il fallimento del TTIP e del TPP e la contemporanea paralisi dell'OMC (sia per l'insuccesso dei negoziati multilaterali sia per il blocco della nomina di nuovi giudici dell'Organo d'appello, dovuto all'opposizione degli Stati Uniti) segnano la fine di un'epoca. Il siluro più forte alla credibilità dell'OMC è venuto dalla già menzionata presa di posizione del rappresentante permanente degli Stati Uniti (per conto del presidente Biden) che ha affermato, senza mezzi termini, che «le questioni di sicurezza nazionale non possono essere soggette allo scrutinio dell'OMC [...] che non ha alcuna autorità in merito alle scelte degli Stati membri su come rispondere a un'ampia serie di minacce alla loro sicurezza». L'OMC è dunque non solo politicamente paralizzata e operativamente monca, ma anche delegittimata.

La sua crescente inefficacia, dinanzi a restrizioni unilaterali che vanno al di là di qualunque ragionevole aspettativa in termini di durata, ampiezza e tipologia dei beni interessati, è la cartina di tornasole di un radicale cambiamento nell'atteggiamento politico e nelle priorità degli Stati membri. L'economista Simon Evenett – uno degli studiosi più attenti delle interrelazioni tra commercio internazionale e geopolitica – ha ampiamente documentato questo fenomeno. Per esempio, la guerra tariffaria tra USA e Cina ha comportato l'aumento dei dazi su circa il 30 per cento dei beni scambiati nel 2018; tale percentuale è poi ulteriormente cresciuta giungendo al 60 per cento nel 2020. Numerosissime sono poi le restrizioni relative a prodotti sanitari e alimentari, rispettivamente giustificate con il Covid-19 e le difficoltà di approvvigionamento di grano dopo l'invasione dell'Ucraina. Benché fossero legate a fatti contingenti, ben poche avevano natura temporanea, per cui sono rimaste in vigore anche quando l'emergenza era passata o si era circoscritta. Purtroppo, molte di queste restrizioni hanno lasciato un'eredità più profonda e persistente rispetto alle misure, di segno opposto, senza le quali difficilmente avremmo potuto superare la pandemia. Pochi ringraziano la globalizzazione per la rapidità e l'efficacia dei vaccini (o anche solo per aver messo a loro disposizione servizi di streaming e e-learning che hanno risparmiato durante il lockdown un'esperienza ancora più penosa), mentre molti ricordano con rabbia le notizie sull'esportazione di mascherine o di gas nei periodi di crisi. E non si rendono conto che le norme che hanno occasionalmente consentito l'export di questi prodotti sono le stesse che hanno reso possibile la circolazione dei vaccini che ci hanno salvati.

Nonostante tutto ciò, il commercio internazionale – per ora – ha continuato a crescere, se si esclude l'ovvia parentesi della pandemia. Nel corso del 2024, gli scambi internazionali sono cresciuti del 3,3 per cento e un ulteriore balzo è atteso per il 2025. Il che si spiega con il livello di integrazione molto elevato dell'economia: gli operatori continuano a comprare i prodotti di cui necessitano, sormontando le difficoltà e i maggiori costi. Non c'è però da stare sereni. I valori aggregati potrebbero infatti nascondere cambiamenti più profondi o di lungo termine (non sappiamo quali sarebbero stati gli effetti senza tutti questi vincoli). Spesso l'assottigliamento delle catene di fornitura non produce effetti immediatamente visibili, ma aumenta la probabilità che, se sottoposte a shock di qualche tipo, possano rompersi, rivelando tutte assieme e senza preavviso le conseguenze della segmentazione dei mercati globali.

Questa crisi delle regole del commercio internazionale non è comunque un fatto isolato. È parte di un processo socioeconomico più ampio che ha visto nei diversi Paesi – e in particolare in Europa e negli Stati Uniti – chiamare la globalizzazione, il libero mercato e l'apertura degli scambi commerciali sul banco degli imputati. Se, anziché parlare di dazi e restrizioni di vario tipo, osserviamo altri indicatori economici quali l'andamento degli investimenti diretti esteri, la pretesa dei governi di orientare i mercati sulla base dell'interesse nazionale, il ritorno invasivo della politica industriale, troviamo sempre il medesimo atteggiamento involutivo. Lo stesso avviene in campo sociale: basta menzionare la sempre più diffusa intolleranza nei confronti delle diversità culturali e l'indisponibilità ad accogliere i migranti. In tutti i campi ormai dall'apertura siamo passati alla chiusura. Il risultato è l'accesa conflittualità – economica, ma non solo – che abbiamo descritto nei primi capitoli. E, un passo alla volta, siamo tornati a parlare di guerra, non per svolgere un'analisi distaccata del passato né per paventare un possibile rischio futuro, ma come prospettiva verosimile.

Vorrei e non vorrei (gli investimenti esteri)

Il mutato clima politico ha avuto gravi ripercussioni anche sugli investimenti diretti dall'estero. A parole, nulla è cambiato: tutti li chiedono, tutti li vogliono. Sono, infatti, uno strumento di crescita dell'economia perché portano capitali e posti di lavoro, favoriscono l'innovazione del sistema industriale, aprono le imprese ad altri mercati. Eppure, nei fatti, gli ostacoli alla libera circolazione dei capitali sono sempre più numerosi e insidiosi.

Mentre una volta, con le *golden share*, i governi si limitavano a proteggere alcune imprese recentemente privatizzate che operavano in settori altamente strategici, oggi – in nome di una non meglio definita sicurezza economica – mirano a controllare gran parte delle operazioni di fusione e acquisizione e non solo. In Italia, per esempio, possono essere oggetto di monitoraggio anche i patti parasociali (come nel caso Pirelli/China National Tire and Rubber Corporation) e perfino i contratti di fornitura relativi a servizi di comunicazione elettronica basati sulla tecnologia 5G. Nell'arco di pochissimi anni le legislazioni sul controllo degli investimenti diretti dall'estero si sono moltiplicate (oggi 24 dei 27 Stati membri dell'Ue hanno adottato simili leggi) e sono divenute sempre più pervasive. Vi è stata una stratificazione normativa che ha comportato una rapida espansione del loro ambito di applicazione. Dal 2017 la nostra legge sul cosiddetto *Golden Power* è stata modificata ben 8 volte (9 se si considera anche un decreto non convertito in legge). E sempre per estenderne il perimetro, mai per porre dei limiti all'arbitrio delle decisioni governative. Inizialmente si controllavano gli investimenti in taluni settori effettivamente strategici (difesa, energia, trasporti, telecomunicazioni), oggigiorno ci sono obblighi di notifica e controlli sugli investimenti in pressoché tutti i comparti industriali. Sempre per citare la nostra legge: il settore agricolo, quello siderurgico, le tecnologie digitali impiegate nell'ambito assicurativo e nella gestione di investimenti, eccetera. Il che ovviamente, produce costi, spesso inutili, per le imprese, allunga i tempi per il completamento delle operazioni e introduce ampi margini di discrezionalità che hanno effetti negativi sul mercato. Soprattutto l'incertezza normativa rappresenta un forte deterrente per gli investimenti esteri. Inoltre, gli eccessi di controlli rischiano di sottrarre l'attenzione dell'organo preposto dai casi che effettivamente la richiedono, disperdendola in una miriade di operazioni che occorre notificare, ma che certamente, già a prima vista, si sa che non mettono a repentaglio la sicurezza nazionale o riguardano asset strategici. Sempre più spesso, per esempio, oggetto delle prescrizioni o delle richieste legate all'esercizio dei poteri speciali è la tutela dei livelli occupazionali, tematica rilevante dal punto di vista della politica industriale, ma che nulla ha a che vedere con la sicurezza del Paese. Nella Relazione annuale presentata dalla presidenza del Consiglio sull'attività svolta nel 2023 si legge che delle 727 operazioni oggetto di notifica (577) o prenotifica (150), ben 317 erano in realtà al di fuori dall'ambito di applicazione della disciplina *Golden Power* e 222 si sono concluse con una delibera di non esercizio dei poteri speciali. In definitiva, questi ultimi sono stati esercitati in 30 casi e vi sono state solo 2 opposizioni all'acquisto di partecipazioni. Verrebbe da dire che la montagna ha partorito un topolino.

Il cambiamento, prima ancora che normativo, è culturale: nonostante le periodiche missioni all'estero di governo e associazioni industriali per sollecitare investimenti (soprattutto nei settori ad alta innovatività tecnologica), le acquisizioni dall'estero vengono viste con sospetto, all'insegna di una retorica tutto sommato xenofoba («ci rubano i gioielli di famiglia») che non trova alcun riscontro nei fatti, almeno nella maggior parte dei casi. Le numerose operazioni nel settore della moda, per esempio, non hanno certo intaccato il Made in Italy e hanno anzi contribuito a dare solidità patrimoniale a imprese famigliari e apertura su mercati internazionali ai quali altrimenti non avrebbero avuto facilmente accesso.

Il peggio è che questa nefasta retorica investe anche i Paesi alleati, perfino all'interno dell'Unione europea, sicché i controlli e la diffidenza prevalgono ormai sulla libertà di circolazione dei capitali faticosamente conquistata a pieno solo con il Trattato di Maastricht. Nel 2023 il governo italiano ha bloccato l'acquisizione di Microtecnica (un'azienda produttrice di elettronica e componenti aeronautici, controllata dalla statunitense Raytheon) da parte di Safran (il cui maggiore azionista è il governo francese) sulla base di asserite preoccupazioni sui posti di lavoro in Italia e garanzie per il mantenimento della produzione in loco. Il veto è stato poi ritirato dopo diversi mesi di negoziati dietro le quinte. Più di recente si è paventato l'esercizio dei poteri speciali nell'OPA della francese Fnac su Unieuro e gli spagnoli hanno bloccato l'acquisizione di Talgo, un'azienda che produce treni, da parte della Ganz-Mávag, controllata dall'ungherese Mol, per ragioni di pubblica sicurezza (dati i legami di Viktor Orbán con la Russia, si temeva che potesse boicottare le forniture di componenti vitali per la ricostruzione dell'Ucraina). Perfino in un'operazione tutta italiana, come l'Offerta pubblica di scambio di Unicredit su Banco BPM, la Lega, per difendere l'azienda target, ha invocato il *Golden Power* giungendo a dipingere l'offerente come una banca straniera.

La situazione negli ultimi tempi sta ulteriormente deteriorandosi. I governi non diffidano più solo degli investimenti provenienti dall'estero. Le legislazioni di ultima generazione ambiscono a controllare anche quelli in uscita. E così la libertà d'impresa è sempre più circoscritta, dovendo sottostare, in un numero crescente di casi, a discutibili valutazioni di opportunità politica. La nuova normativa statunitense, di cui abbiamo parlato in precedenza (adottata in attuazione dell'ordine esecutivo di Biden), limita la possibilità per gli investitori statunitensi di investire in società cinesi che sviluppino alcune tipologie di prodotti e tecnologie sensibili. Ma non si creda che questo sia solo un altro tassello nella guerra economica tra USA e Cina per la supremazia tecnologica. È invece un sintomo di una tendenza che sta diventando globale. E invero, la Commissione europea, nel gennaio 2024, ha pubblicato il già citato Libro bianco col quale ha avviato una consultazione per decidere se adottare anche nell'Ue un sistema di monitoraggio sugli investimenti in uscita (non saremmo, peraltro, sorpresi se qualche Stato membro precedesse l'Ue, adottando rapidamente una propria normativa analoga). Le preoccupazioni sull'autonomia strategica, che tanta parte hanno ormai nel definire le politiche europee, riguardano inevitabilmente le catene di approvvigionamento e il possesso di tecnologie essenziali. La ratio sottesa a questa probabile riforma è dunque il timore che gli investimenti in uscita, nella misura in cui spostano all'estero taluni tasselli della filiera produttiva o il controllo di un know-how suscettibile di attribuire a Paesi terzi vantaggi competitivi, mettano a repentaglio la sicurezza economica degli Stati membri e, in definitiva, della stessa Ue. Sempre maggiore è dunque la spinta a mantenere entro i confini nazionali le principali attività produttive. Un mondo, insomma, a comparti chiusi.

L'industria è mia e la gestisco io!

Dopo le privatizzazioni e liberalizzazioni degli anni Ottanta e Novanta del secolo scorso, il processo è gradualmente rallentato finché, con la crisi finanziaria e dei debiti sovrani, si è inserita la retromarcia. L'esigenza di salvare grandi imprese in crisi ed evitare una gravissima crisi sociale certamente giustificava molti di questi interventi. Spesso, però, non si è trattato di salvataggi temporanei (come nel caso dell'ingresso del governo statunitense nel capitale di Ford e General Motors) bensì di un vero e proprio cambio di prospettiva che, in quel periodo, ha trovato anche una legittimazione sul piano teorico: ne è stata protagonista una corrente di pensiero la cui principale esponente è Mariana Mazzucato, artefice della rivalutazione dello Stato imprenditore. Per giustificare l'esigenza di questi interventi pubblici si è fatto spesso ricorso all'annosa questione dei fallimenti del mercato cui sarebbe necessario porre rimedio con la mano pubblica. Le tesi a favore del ritorno della politica industriale hanno fatto proseliti, ma hanno anche suscitato risposte preoccupate. Un economista certamente non liberista, Claudio De Vincenti, ha consegnato i suoi dubbi a un recente saggio dal titolo emblematico (*Per un governo che ami il mercato*, 2024). Anche sulla scorta delle sue esperienze di governo, ha sottolineato come la necessità di contrastare i fallimenti del mercato non possa rappresentare un alibi per ignorare i fallimenti del non-mercato (ovvero dello Stato). In fondo, proprio questi fallimenti – e la loro proiezione su scala globale – sono l'oggetto del volume che state leggendo.

L'eredità politica di Margaret Thatcher e Ronald Reagan è stata sconfessata. E lo Stato è tornato a intervenire nell'economia non più come comprimario, ma come attore principale. Il nostro Paese ne offre una chiara esemplificazione. A fronte della promessa di qualche privatizzazione (sempre le stesse e sempre postergate) per far quadrare i conti e ridurre il deficit, anno dopo anno è aumentata la galassia, direttamente o indirettamente, pubblica (che, peraltro, da noi era già anche prima assai significativa, tra partecipate statali e quelle di enti locali).

Questo ritorno dello Stato – anche per chi, come Giuliano Amato, ne intravede dei possibili benefici, purché scevro dai vecchi vizi che lo avevano reso inefficace e addirittura dannoso per le imprese – pare «dotato di una forza intrusiva, che è per più versi nuova; a partire dai rapporti con il mercato internazionale, che ora subisce forti interferenze, sia per quanto riguarda la sua divisione del lavoro e quindi degli scambi, sia nelle relazioni fra imprese che porta a instaurare».

L'ampia presenza pubblica nell'economia oltretutto fa sì che gli Stati divengano necessariamente portatori degli interessi delle «proprie» imprese nell'agone internazionale e sposta sempre più i processi decisionali a livello intergovernativo. Il tentativo di acquisizione dei Chantiers de l'Atlantique (ex STX) da parte di Fincantieri, la cessione di Borsa Italiana, la scelta del partner di ITA, la citata acquisizione di Microtecnica da parte di SAFRAN, per fare solo alcuni esempi tratti dalla recente cronaca economica nostrana, sono tutte «battaglie» che vedono contrapposti gli interessi di Italia, Francia, Germania, Stati Uniti. Le partite non si giocano, dunque, a suon di danari o sulla base dei business plan più convincenti, bensì nelle cancellerie politiche, con minacce di ripercussioni su altri tavoli, con contropartite occulte. E dunque, alla fine c'è chi vince e chi perde. E inevitabilmente aumentano l'acrimonia e la conflittualità internazionali.

L'Europa sovrana

In un mondo che si è così rapidamente trasformato, anche l'Unione europea si è adeguata e ha cambiato pelle. I governi degli Stati membri hanno infatti messo in questione alcuni dei capisaldi su cui si fondava la costruzione europea: libera circolazione delle persone, delle merci, dei capitali e dei servizi, concorrenza. Anche solo pochi anni fa sarebbe stato impensabile trovarsi in un'Europa dove i debiti pubblici sono esplosi, le frontiere sono tornate, gli investitori provenienti da uno Stato membro devono chiedere il permesso prima di acquisire una partecipazione in un altro, la concorrenza viene esplicitamente limitata, il progresso tecnologico è ostacolato, i migranti vengono deportati o respinti.

Le istituzioni europee sono state influenzate da queste politiche e si sono determinate a conquistare a ogni costo l'autonomia strategica, assumendo un approccio molto più politicizzato e conflittuale in ogni dossier. Per fare solo qualche esempio, in politica commerciale, negli ultimi anni l'Ue ha adottato (I) lo strumento anti-coercizione (per rispondere alle aggressioni economiche e alle pratiche commerciali sleali compiute da Stati extraeuropei), (II) lo strumento per gli appalti internazionali (per limitare l'accesso alle procedure di appalto alle imprese di Paesi terzi che limitano l'accesso nei rispettivi mercati) e (III) il Regolamento sulle sovvenzioni estere (per indagare sulle sovvenzioni concesse da Paesi terzi e porre rimedio a eventuali distorsioni). In materia di investimenti esteri, ha adottato un Regolamento che istituisce un quadro per il loro controllo per motivi di sicurezza e ordine pubblico e ha pubblicato il menzionato Libro bianco che prelude al controllo degli investimenti anche in uscita. Più in generale, ha elaborato una propria strategia sulla sicurezza economica, oggetto di una specifica Comunicazione della Commissione e dell'Alto rappresentante per gli affari esteri e la politica di sicurezza, che prevede (a) la promozione della «nostra» competitività, rendendo la «nostra» economia e le «nostre» catene di approvvigionamento più resilienti, (b) la protezione dai rischi per la sicurezza economica e (c) partenariati con i Paesi che condividono le «nostre» preoccupazioni in materia di sicurezza economica e con quelli che hanno interessi comuni e sono disposti a cooperare con «noi». Il lessico utilizzato, che vede una reiterata contrapposizione tra «noi» e «loro», rende particolarmente evidente l'inversione di marcia.

Potremmo dilungarci oltre, menzionando anche le proposte di abbandonare la politica di concorrenza per facilitare la creazione di campioni europei, tra l'altro parzialmente fatte proprie dalla commissaria Teresa Ribera, ovvero le reiterate richieste di sovvenzioni europee per contrastare gli effetti dell'Inflation Reduction Act, ma il messaggio è già sufficientemente chiaro. L'Ue non vuole più limitarsi a promuovere la pace in Europa attraverso le sue quattro libertà fondamentali, ma ambisce a essere sempre più un player politico sulla scena internazionale. A dispetto delle diffuse critiche all'Ue per l'assenza di una politica estera comune, sul piano economico è in realtà molto attiva. Anzi, si sta attrezzando con ogni mezzo per combattere le guerre economiche in atto.

Il domino

Insomma, come nell'effetto domino, una dopo l'altra, le tessere che componevano l'infrastruttura del mercato globale, faticosamente costruita nell'arco di decenni, hanno cominciato a cadere. Dietro questo fenomeno ci sono varie motivazioni: in primis le aspettative, probabilmente eccessive, che erano state caricate sulle spalle della globalizzazione, ma anche l'abilità dei politici e degli intellettuali sovranisti di sfruttare il montante malcontento. E, prima ancora, di coglierne tempestivamente i segnali quando i più non riuscivano ancora a rendersene conto.

Con ciò non vogliamo dare una visione apocalittica degli eventi. Non pensiamo che il mondo stia attraversando una fase di inarrestabile declino dopo aver sperimentato una sorta di età dell'oro mercatista. I fenomeni sociali sono sempre complessi e sfaccettati e quasi mai hanno un carattere del tutto coerente. Il rimpianto dell'età dell'oro è una tentazione vecchia come l'essere umano e non intendiamo cedervi. D'altronde, abbiamo sotto gli occhi un mondo che, nonostante tutte le critiche e talune contraddizioni, nel complesso sta innegabilmente meglio oggi che negli scorsi decenni.Questo è vero non solo nei Paesi in via di sviluppo, ma anche in quelli industrializzati. A dispetto dei cambiamenti, dei rallentamenti e delle retromarce che abbiamo descritto, il commercio internazionale continua, per il momento, a crescere senza sosta, perché l'economia è (ancora) più forte delle gride manzoniane con cui i politici sovranisti (e anche molti altri che si atteggiano ad anti-populisti, ma parlano la stessa lingua dei sovranisti) rivendicano il rifiuto della globalizzazione e del progresso.

Tuttavia, ci sono anche fattori che non possono essere ignorati e a cui l'Europa (e l'Italia in particolare) è sensibile. Per esempio, il declino demografico e il rallentamento dei tassi di crescita economica che vede ampliarsi il divario non solo col mondo in via di sviluppo (il che è abbastanza normale, visto che Paesi più poveri hanno maggiori opportunità di crescita, almeno fino a un certo punto), ma anche con quelli industrializzati come gli Stati Uniti. Ci sono poi elementi di rischio che minacciano di rallentare strutturalmente la crescita economica a livello globale: il Fondo monetario internazionale, nell'edizione 2024 del *World Economic Outlook*, ne cita quattro: le escalation militari, il protezionismo, il rallentamento nelle migrazioni e il peggioramento delle condizioni finanziarie globali. Tutti questi rischi sono strettamente legati all'oggetto del libro che state leggendo: anzi, le dinamiche descritte in queste pagine puntano proprio in quella direzione. Tutto ciò che possiamo dire è che, finora, le forze centripete dell'economia si sono rivelate più forti di quelle centrifughe della politica. Ma fino a quando potrà durare questo equilibrio?

Il primato della politica e le sue conseguenze

Tutto è politica

«Non esiste la non politica. Tutto è politica»: questa frase di Thomas Mann, sembra scritta oggi. La politica ha per lo più rimpiazzato l'economia nel dibattito pubblico, nelle scelte dei vari decisori economici, nelle valutazioni di opportunità degli stessi manager. Tutte le principali determinazioni economiche sono ormai fortemente condizionate da fattori politici. E questo influenza le strategie delle imprese private che, nei loro business plan, devono sempre più tenere conto di variabili insondabili, spesso difficili da razionalizzare, ma sempre presenti.

Ogni giorno ci imbattiamo in provvedimenti che in qualche modo distorcono il mercato, impattano sulla vita delle imprese e dei cittadini, generano inefficienze. La libertà economica è sempre più compressa da uno Stato ingombrante che non si limita a fissare delle linee guida o delle policy, ma pretende spesso di entrare nelle minuzie delle scelte imprenditoriali: dove investo, con quali capitali, che fornitori utilizzo, dove mi rifornisco e dove vendo, talora anche in quale azienda posso lavorare, per non dire poi delle minuziose prescrizioni che possono essere imposte dalle autorità di governo (*Golden Power* e simili) in sede di autorizzazione all'acquisto di una partecipazione societaria.

Le aziende sono consapevoli di come sia girato il vento e dunque sovente cercano di anticipare interventi del governo, interiorizzando nel loro processo decisionale variabili «politiche» che non hanno nulla a che fare con la massimizzazione del risultato economico. Lo si vede, per esempio, dall'enfasi sull'origine locale dei prodotti, dalle scelte sui fornitori esteri e talora da un certo ostentato nazionalismo che sembra mirato più a ingraziarsi il governo che ad acquisire nuovi consumatori.

Se si invoca, a torto o ragione, l'interesse nazionale, ogni possibile obiezione dei privati deve essere rimossa. Dinanzi a politiche identitarie (fondate cioè sulla contrapposizione tra «noi» e «loro»), qualsiasi sacrificio si giustifica. Non si tratta più di assicurare la crescita dell'economia e il benessere dei cittadini, ma di difendere (per il momento, solo in senso metaforico) la bandiera nazionale (più precisamente, l'etnia, l'identità personale, la comunità di appartenenza). E allora passano in secondo piano gli effetti economici (prezzi delle merci, contendibilità delle aziende, valori di borsa, attrattività del mercato) e quelli sociali (preferenze dei consumatori, impatto sull'ambiente, inclusione dei lavoratori migranti).

Così la politica favorisce il *reshoring*, cioè il rientro delle aziende precedentemente esternalizzate, le imprese lo invocano anche se la produzione in patria è più costosa, si spendono scriteriatamente fondi pubblici per creare a tavolino (improbabili) aziende leader di settore, si usa la retorica del campione nazionale per giustificare operazioni che altrimenti parrebbero discutibili, si applicano elevati dazi doganali il cui onere cade sui consumatori finali, si impongono rigorose limitazioni alla vendita in certi mercati che impattano pesantemente sui bilanci dei produttori, si erogano ingenti sovvenzioni che alimentano l'inflazione. Ma tant'è: lo chiede l'interesse nazionale.

Tutto ciò, naturalmente, ha un impatto devastante sui bilanci statali, già gravati oltre misura dagli interventi per far fronte alle reiterate crisi di questi anni. Ma chi se ne importa! In un'ottica sovranista, infatti, non ci sono vincoli che tengano dinanzi all'interesse nazionale. Anche i limiti imposti al deficit e al debito divengono irrilevanti. La moneta potrebbe essere stampata in quantità illimitata, se solo il governo ne riprendesse il controllo... Come nei *good ol' times*, quando tutti stavamo meglio! Detto in altri termini, secondo questa narrazione, possiamo emanciparci dall'antico primato dell'economia sulla politica perché i vincoli a cui siamo stati sottoposti per molti decenni erano frutto della nostra immaginazione o, meglio, di un complotto che ci ha convinto della loro esistenza. E chi c'è dietro questo complotto? «Loro»: i signori della globalizzazione, i tecnocrati di Bruxelles, gli gnomi di Zurigo e via discorrendo.

Questo predominio della politica sull'economia porta a decisioni irrazionali, contraddittorie, opache, imprevedibili e, quel che è peggio, suscettibili di aumentare, oltre la soglia di sicurezza, la conflittualità, aprendo la porta a possibili scontri non più solo sul piano economico.

L'interesse nazionale e quello razionale

Nella teoria economica tradizionale si sceglie l'azione migliore, quella cioè che consente di raggiungere l'obiettivo prefissato, dopo aver soppesato costi e benefici delle varie opzioni, tenendo conto del fatto che le risorse sono limitate e possono essere assoggettate a usi alternativi. Il che non vuol dire che la risposta sia necessariamente univoca. Le valutazioni economiche sugli effetti di una policy possono divergere, anche significativamente, sulla base delle assunzioni o delle tecniche econometriche utilizzate. Al riguardo, si racconta che Harry Truman, esasperato dai distinguo dei consiglieri che gli fornivano risposte evasive («*on the one hand... but on the other hand*»)[2] abbia esclamato «datemi degli economisti con una mano sola (*one-handed economists*)!». Nondimeno, il dibattito si concentra per lo più sull'effettiva coerenza tra i mezzi e i fini. Naturalmente è possibile prendere decisioni anche economicamente non «convenienti», se viene data la priorità ad altri obiettivi (sociali, ambientali, di sostenibilità, eccetera). Per esempio, alcune politiche redistributive potrebbero avere un significativo costo econo-

[2] In inglese l'espressione «da una parte... e dall'altra...» si traduce con «*on the one hand... on the other hand...*», che letteralmente significa «da una mano... e dall'altra...».

mico. O, più banalmente, la realizzazione di un'infrastruttura potrebbe comportare costi superiori ai benefici attesi. Ciò non significa che quelle politiche o quell'infrastruttura debbano necessariamente essere cancellate. Se i benefici extraeconomici di quell'opera (per esempio, la coesione territoriale) sono comunque superiori ai costi, è bene che la si realizzi. L'analisi economica, però, ci permette di attribuire a ciò un «prezzo» (o, più precisamente, un costo opportunità). È un metodo di analisi freddo e razionale che rende espliciti costi e benefici delle decisioni pubbliche. Quando, invece, le scelte dei governi sono basate principalmente su criteri politici, quali l'interesse nazionale, si finisce spesso per prescindere dall'analisi economica (talora addirittura se ne nega la validità) e non di rado si sconfina nell'irrazionalità.

Di scelte illogiche, contraddittorie, irragionevoli dettate dall'orgoglio nazionale sono pieni i libri di storia economica. E negli ultimi tempi si sono intensificate. Uno dei terreni più fertili è quello delle nuove tecnologie. Il Rapporto Draghi evidenzia come sia proprio il gap nella ricerca e innovazione nei settori delle tecnologie dell'informazione e della comunicazione (ICT) a spiegare – in buona parte – la migliore performance dell'economia americana rispetto a quella europea. Di questo c'è sempre stata, seppure in modo meno articolato, consapevolezza. Tanto che le istituzioni e i governi europei hanno più volte tentato di porvi rimedio. Solo che, anziché interrogarsi sulle ragioni della capacità americana di innovare, si è cercato di ingegnerizzare delle alternative, spesso col supporto esplicito della politica, nella vana speranza di creare degli unicorni a tavolino.

Come dimenticare, per esempio, Qwant, il motore di ricerca francese? Fondato nel 2013, doveva rappresentare la risposta europea a Google. Il governo francese ha sostenuto attivamente l'iniziativa, tanto che la *Caisse des dépôts et consignations* (la Cdp francese) ne possiede il 20 per cento. E nel 2020, su impulso del presidente Emmanuel Macron, Qwant ha sostituito Google negli uffici pubblici transalpini. Eppure, il successo dell'iniziativa è stato assai limitato: si stima che in Francia venga utilizzato per una quota delle ricerche online compresa tra l'1 e il 3 per cento, mentre all'estero è praticamente assente. Nondimeno, il lancio di Qwant è stato accompagnato da fanfare che lo dipingevano come l'alternativa «francese» alla società di Mountain View che nel frattempo ha diversificato il proprio business e oggi ha affiancato il motore di ricerca a molti altri servizi in grado di generare il suo vero valore aggiunto.

Le cose non sono andate diversamente nel 2018 con l'Amazon del Made in Italy, lanciata dall'allora vicepresidente del Consiglio nonché ministro dello Sviluppo economico, Luigi Di Maio. L'ex leader del Movimento 5 stelle parlò di progetti avveniristici, quali «l'utilizzo della blockchain per la certificazione dei prodotti Made in Italy» e la creazione di «un portale di e-commerce multilingua, una sorta di Amazon del Made in Italy che faciliti la vendita dei prodotti italiani e combatta, allo stesso tempo, la contraffazione». Non era la prima volta che una proposta del genere veniva avanzata da qualche politico (e, temiamo, neppure l'ultima): alcuni anni prima si era pensato di far svolgere questo ruolo a Poste Italiane per offrire alle Pmi una piattaforma per la promozione online dei loro prodotti. Peccato che un Amazon del Made in Italy esistesse già: sarebbe bastato digitare su Google (o su Qwant) la formula «Amazon del Made in Italy» per essere reindirizzati... verso la pagina di Amazon destinata al Made in Italy che offre esattamente quel tipo di servizio.

Sempre in campo digitale, va ricordata la Netflix della cultura italiana fortemente voluta dall'ex ministro della Cultura Dario Franceschini. Il portale, creato nel 2020 con l'obiettivo di «offrire a tutto il mondo la cultura italiana a pagamento» anche attraverso sistemi di bigliettazione integrata per gli eventi di prestigio nel nostro Paese, è stato liquidato nel 2023 dopo aver chiuso l'esercizio con una perdita di 7,5 milioni di euro. Il dato che forse colpisce di più è l'incongruità del finanziamento: Netflix ha un fatturato globale di quasi 30 miliardi di dollari, di cui poco meno di un miliardo in Italia. A essa vanno aggiunte altre piattaforme, quali Sky e Amazon Prime, attive nel nostro Paese, e altri produttori di contenuti quali Mediaset e la Rai. Come è possibile pensare di costruire un'alternativa a queste corazzate con un investimento che, a regime, doveva ammontare a circa trenta milioni di euro?

Lo stesso, seppure su una scala diversa, vale d'altronde per un'iniziativa dell'attuale ministro del Made in Italy, Adolfo Urso, che ha ritenuto di varare il cosiddetto Chips Act italiano – un provvedimento finalizzato a promuovere l'industria dei semiconduttori nel nostro Paese – con una dotazione di circa due miliardi di euro erogati sotto forma di crediti di imposta (e la speranza di stimolare investimenti dell'ordine di cinque miliardi). Si tratta, apparentemente, di cifre considerevoli, ma è comunque ben poco, sia di fronte alla dimensione degli investimenti necessari in quel settore e sia di fronte alle stesse politiche pubbliche messe in campo da altri Stati. Negli Stati Uniti, il Chips and Science Act (a cui evidentemente le omologhe iniziative europee e italiana si ispirano) ha mobilitato ben 50 miliardi di dollari.

Anche la Germania ha cercato di rafforzare la propria presenza nel settore dei semiconduttori, corteggiando Intel per avviare un piano di investimenti del valore stimato di ben 30 miliardi di dollari. Come è andata a finire? L'operazione, dopo un accordo iniziale, sembra essere sfumata. Alla fine, non erano sufficienti le generose sovvenzioni per costruire un grande polo europeo, come speravano a Berlino. Ufficialmente è tutto ancora in discussione, ma l'annuncio di uno slittamento di due anni è assai significativo.

E che dire, poi, di Northvolt, società svedese produttrice di batterie che per un po' è stata portata in palmo di mano dalla Commissione (che l'ha generosamente finanziata)? Avrebbe dovuto fornire la prova che anche il Vecchio continente poteva competere con la Cina nel business dei sistemi di accumulo di energia elettrica. Ebbene, nel 2024 l'azienda si è trovata sull'orlo del fallimento e il governo di Stoccolma ha detto di non essere disponibile a un salvataggio. Se non altro, l'avventura svedese nella manifattura delle batterie non si è risolta in un salasso per i contribuenti.

Le recenti polemiche sulla necessità per l'Ue di dotarsi di un proprio sistema di satelliti alternativo a Starlink, perché «non possiamo fidarci di Musk», sono un ulteriore esempio di scelte motivate da ambizioni geopolitiche, senza tener conto della realtà dei fatti. Per raggiungere tale obiettivo, l'Unione ha stanziato solo 10 miliardi di euro nel progetto Iris 2, col quale punta a lanciare 300 satelliti entro il 2030-35. Starlink ne ha già quasi 8mila e si prevede che nel prossimo decennio arriverà a 30mila. La società americana può contare su satelliti più performanti e un sistema di lancio più avanzato e meno costoso: molti tecnici avvertono che il gap è ormai incolmabile. Ma, se anche non fosse così, avrebbe davvero senso inseguire gli americani su un terreno su cui sono chiaramente così avanti – e dove si stanno posizionando già oggi competitor più agguerriti, come Amazon che punta a tremila satelliti – invece di investire maggiormente sulla cooperazione tecnologica per migliorare la performance e la qualità dei sistemi?

Queste storie, pur con le inevitabili differenze derivanti dalle specificità del caso, hanno un comune denominatore: sono tutti tentativi, promossi o guidati dalla politica, di reinventare ciò che già esiste, con l'obiettivo di nazionalizzarlo (impiegando cioè manovalanze e capitali locali). Come se un motore di ricerca francese, una piattaforma di streaming italiana, una batteria svedese o un satellite europeo avessero per sé prestazioni migliori dei corrispondenti servizi o prodotti americani o cinesi. Eppure, questi esempi – e se ne potrebbero aggiungere molti altri – provengono da governi di orientamenti completamente diversi tra loro. Quando si tratta di adottare politiche industriali volte a perseguire l'interesse nazionale non c'è differenza tra il «liberale» Macron, la «conservatrice» Meloni e il «socialista» Scholz. Sono ormai tutti influenzati dall'ondata culturale sovranista che sta travolgendo schieramenti politici e intellettuali.

L'eterogenesi dei fini

Il paradosso è che, non di rado, le politiche economiche ispirate da questo malinteso senso dell'interesse nazionale finiscono per pregiudicare proprio coloro che dovrebbero beneficiarne o che le sostengono politicamente. Anche qui gli esempi sono innumerevoli.

Quando la Lega fece dell'uscita dall'euro il proprio cavallo di battaglia, mise in moto una catena di eventi che portarono a un repentino incremento dello spread che danneggiò i suoi elettori, provenienti in larga parte dai ceti produttivi del Paese. Se poi l'uscita dalla moneta unica si fosse davvero concretizzata, sarebbe stata una ancor più formidabile sberla agli imprenditori e ai lavoratori del Nord che costituiscono la maggioranza degli elettori di quel partito. Un tessuto fatto di piccole e medie imprese esportatrici si sarebbe improvvisamente trovato tagliato fuori dai propri principali mercati di destinazione, con danni incalcolabili.

Le restrizioni dell'amministrazione Biden alla vendita di semiconduttori in Cina hanno causato seri problemi economici per le imprese statunitensi che esportavano in quel Paese una larga percentuale dei propri prodotti. Si pensi che in alcuni casi, le vendite in Cina ammontavano addirittura al 60 o 70 per cento dei loro ricavi. E non è tutto: è stato appurato che le politiche protezionistiche adottate a partire dal 2018 (dazi, sovvenzioni e limiti all'immigrazione) hanno ridotto in misura significativa l'appetibilità di quel settore per i giovani di talento che costituiscono una delle chiavi di successo di queste imprese.

E ancora: gli elettori americani che hanno votato Trump dando ascolto alla sua retorica anticinese non hanno di certo considerato il pesante impatto che i nuovi dazi inevitabilmente avranno sulle loro tasche. Alla vigilia delle elezioni del novembre 2024, una fondazione *nonpartisan* come la Tax Foundation ha definito la proposta di aumentare i dazi su tutti i beni importati come «il più grande aumento delle tasse in tempo di pace» dalla fine della Seconda guerra mondiale.

Ci si domanderà allora come facciano i partiti sovranisti a ottenere il vasto consenso di cui godono sostenendo delle policy che pregiudicano i loro stessi elettori. Il fatto è che oggi non si vota più solo con il portafoglio in mente. Conta molto anche la narrazione politica. Le recenti elezioni americane ne sono un chiaro esempio: durante la presidenza Biden, l'economia USA, anche perché drogata da una spesa pubblica senza precedenti, è cresciuta significativamente (nel trimestre luglio-settembre 2024, il Pil è aumentato del 2,8 per cento), sono stati creati 16 milioni di posti di lavoro, i salari sono aumentati e l'inflazione (dopo i picchi raggiunti nei primi anni) stava finalmente scendendo. Eppure, l'America ha punito i democratici attribuendo a Trump la maggioranza del voto popolare. Le spiegazioni di questo massiccio spostamento a destra dell'elettorato americano sono, naturalmente, molteplici e fuoriescono dall'ambito di questo libro. A noi preme però evidenziare il ruolo di fattori politici molto polarizzanti quali la difesa del confine, certi eccessi del politically correct e della cultura woke e la «percezione» di insicurezza causata dall'inflazione (nonostante il reddito fosse cresciuto più rapidamente dell'inflazione stessa). Non è un fenomeno solo americano: è, pur con tutte le debite differenze, lo stesso film osservato in molte elezioni europee recenti, dall'Austria ad alcuni Länder tedeschi, dai Paesi Bassi alla Francia. Né riguarda solo la destra che pure sembra in generale meglio in grado di intercettare il malcontento: in Francia è cresciuta sostanzialmente la sinistra più massimalista e sovranista di Mélenchon e anche in Germania ha avuto successo una formazione di estrema sinistra sovranista, la neonata BSW. Ovunque la rabbia e la protesta contro le classi dirigenti prevalgono sulle ragionevoli considerazioni di politica economica.

Il bacio della pantofola

In questo nuovo mondo il primato della politica si manifesta anche attraverso un cambiamento, oltre che negli obiettivi, nelle modalità di attuazione delle politiche. Le scelte dei governi circa l'erogazione di una sovvenzione per costruire un nuovo impianto produttivo, l'opportunità di un salvataggio industriale, l'individuazione del partner internazionale per un'impresa pubblica sono spesso effettuate prescindendo dai dati economici. Più dei bilanci, dei profitti e dei business plan delle aziende interessate contano la *constituency* del politico decisore (se si tratta di localizzare la sede dell'investimento), i rapporti personali tra i leader dei governi interessati o la loro appartenenza a una stessa famiglia politica (la periodica conflittualità tra Italia e Francia ha, per esempio, pregiudicato la realizzabilità di talune operazioni societarie), le pressioni dietro le quinte di altri governi, le affinità politiche (Meloni e Musk), eccetera.

Tutto ciò non è una novità: i governi hanno fatto ben di peggio nel corso della storia, sia esercitando pressioni sulle imprese sia sostituendosi a esse. In Europa, lo Stato si è sempre inserito nell'economia, grazie alle partecipazioni nelle grandi imprese pubbliche o con la leva della borsa (sovvenzioni e contributi vari). Oggi, però, con le nuove politiche sovraniste si è dotato di un armamentario molto più ampio che gli consente di intervenire pesantemente nella vita delle imprese, limitando l'autonomia imprenditoriale. Di conseguenza, molte operazioni tra privati non vengono più concluse sul mercato, ma dopo estenuanti negoziati condotti nei palazzi governativi, discutendo di contropartite occulte, su piani diversi. Insomma, in modo tutt'altro che trasparente. Alla fine, conta molto di più chi si conosce di ciò che si propone. E così, le aziende investono più nel lobbying e nella cattura dei decisori politici che nello sviluppo dei loro prodotti. Ed esponenti di governo, funzionari pubblici, manager di Stato, *grand commis*, che tengono i cordoni della borsa, sono invitati, blanditi, corteggiati.

Gli esiti dei negoziati diventano in tal modo più incerti e imprevedibili. Il che preoccupa gli investitori e spesso finisce per dissuaderli dal dedicare tempo e risorse a un progetto che potrebbe essere bloccato all'ultimo momento per ragioni che non hanno nulla a che fare con gli *economics* dell'impresa. Non basta offrire il prezzo più elevato, perché potrebbe comunque essere prescelto un altro concorrente in grado di ottenere appoggi politici decisivi. Quanto maggiori sono le incertezze, che peraltro potrebbero trascinarsi per mesi, tanto più facile è che gli investitori si ritirino dall'operazione. Dopotutto, al giorno d'oggi non mancano le alternative.

Un chiaro esempio degli effetti perversi di questa diffusa politicizzazione di scelte di business si ha nel già richiamato processo autorizzativo degli investimenti esteri. L'espansione a macchia d'olio delle operazioni soggette a notifica fa sì che ormai qualsiasi operazione, anche quelle che difficilmente comporterebbero rischi per la sicurezza nazionale, debba comunque passare il vaglio del decisore politico che potrà, con amplissima discrezionalità, imporre prescrizioni, difficilmente contestabili poi nei tribunali. Alla fine, gran parte delle operazioni è autorizzata senza prescrizioni, ma il fatto che esse debbano comunque essere assoggettate al controllo preventivo della politica è espressione di un cambiamento di paradigma. L'obbligo di notifica, anche in situazioni che a priori sembrano avere ben poco a che vedere con la sicurezza nazionale, è ormai un rito volto a dimostrare come le ragioni della politica debbano essere sempre anteposte a quelle dell'economia, così come, in altri tempi, il bacio della pantofola sanciva la sottomissione e l'obbedienza al pontefice di sovrani e nobili.

Ne abbiamo avuto una dimostrazione plastica negli Stati Uniti, dove i principali tycoon del settore digitale hanno repentinamente annunciato significativi cambiamenti di strategia per compiacere il nuovo presidente. Jeff Bezos, fiutando il vento, per la verità, aveva già bloccato l'endorsement del «Washington Post» a Kamala Harris prima del voto; mentre Mark Zuckerberg ha disposto l'abbandono da parte di Meta dei sistemi di fact checking per la moderazione dei contenuti (che aveva previsto su richiesta dell'amministrazione Biden) e la fine delle politiche DEI (Diversity, Equity, Inclusion) nell'assunzione e nella gestione del personale.

Vincere! E vinceremo

Fintantoché si discute di scelte razionali ed economiche è sempre possibile trovare un accordo, un punto di equilibrio tra i rispettivi interessi. I negoziati commerciali condotti nel quadro multilaterale del GATT e dell'OMC ne sono un esempio. Per quanto possano essere stati lunghi e duri, alla fine hanno portato per molti decenni a risultati accettabili da tutte le parti (fino a quando sono intervenuti fattori politici che hanno finito per prevalere sulla reciproca convenienza economica). Lo stesso può dirsi, per fare un esempio più recente, per l'accordo di recesso del Regno Unito dall'Ue. Venivano in gioco molte questioni estremamente delicate (in particolare, l'assenza di una frontiera fisica tra Repubblica d'Irlanda e Irlanda del Nord e il rispetto dei diritti sanciti dall'Accordo del Venerdì Santo del 1998) eppure si è trovato un punto di compromesso per assicurare un recesso ordinato, senza mettere a repentaglio i tanti benefici economici conseguiti in decenni di libera circolazione di merci, persone, servizi e capitali. All'inizio della presidenza Trump, nel 2017, pareva che anche la controversia tra Stati Uniti e Cina avesse di sottofondo una motivazione più commerciale che geopolitica: gli Stati Uniti usavano lo strumento dei dazi doganali per spingere Pechino ad aprire il proprio mercato. E invero, nel gennaio del 2020, fu firmato un accordo preliminare (noto come «fase uno») che sembrava porre fine all'escalation di misure commerciali statunitensi a fronte di numerosi impegni, aventi valenza economica, da parte della Cina: protezione della proprietà intellettuale straniera, apertura del mercato alimentare, liberalizzazione dei servizi stranieri di pagamento, divieto di svalutazioni competitive e, soprattutto, obbligo di acquistare 200 miliardi di dollari di merci americane in eccesso rispetto alla *baseline* del 2017. L'accordo di fase due, però, non vide mai la luce perché la contesa ha assunto una connotazione sempre più geopolitica che ha reso vano ogni sforzo di trovare un ulteriore compromesso.

Quando le decisioni vengono prese in nome di interessi vitali (sicurezza, autonomia, protezione di un'industria strategica, eccetera) è infatti molto difficile, se non addirittura impossibile, trovare un accomodamento. Si entra nella logica della guerra più che degli affari. Conta solo vincere, costi quello che costi. Anche se il prezzo è insostenibile. L'Unione Sovietica, negli anni Ottanta, entrò in una accesa competizione con gli USA per disporre del fantomatico «scudo stellare» accelerando il processo che portò al suo collasso economico e alla sua dissoluzione.

La conflittualità tra Cina e Stati Uniti oggi ne è la manifestazione più lampante, ma non la sola. Casi analoghi, nei quali assistiamo a scontri economici, motivati da considerazioni di tipo politico (o geopolitico), seppure meno virulenti del conflitto sino-americano, sono comunque all'ordine del giorno. Quando entra in gioco la nazionalità dell'acquirente (ancorché sia un Paese amico), la retorica sovranista prevale facilmente su ogni altra argomentazione. Pensiamo al veto di Biden all'acquisizione di US Steel da parte di Nippon Steel, una decisione che, come ha felicemente intitolato il «Financial Times», ha decretato la morte del *friendshoring*. Se le preoccupazioni fossero solo per i posti di lavoro, per il rischio di delocalizzazione degli impianti, per il trasferimento di tecnologie, si potrebbe facilmente trovare una soluzione sul piano contrattuale, ovvero mediante apposite prescrizioni in sede di rilascio dell'autorizzazione all'investimento. Ma dinanzi ad affermazioni che fanno leva sull'orgoglio nazionale conta solo bloccare l'operazione. Vincere, appunto.

La nazionalizzazione dell'ordine internazionale

Anche a livello internazionale si vedono i contraccolpi di queste politiche. La prevalenza dell'interesse nazionale comporta un corrispondente indebolimento dei fori internazionali creati, a partire dal secondo dopoguerra, appositamente per favorire la cooperazione economica internazionale. Ciò è particolarmente evidente nel ridimensionamento dell'Organizzazione mondiale del commercio. E non c'è alcuna ragione per immaginare che la seconda amministrazione Trump cambi strada. Simili incidenti si ravvisano però anche nella prassi dei trattati bilaterali sugli investimenti: sempre più di frequente, infatti, viene invocato l'interesse nazionale, facendo ricorso alle cosiddette clausole di eccezione che consentono di derogare ai principi generali sulla protezione degli investimenti e limitare la libertà economica degli operatori stranieri. E naturalmente, poi, si cerca di escludere la possibilità di sindacarne le ragioni in sede arbitrale.

Lo stesso vale nel contesto dell'Unione europea dove gli Stati membri, approfittando del *benign neglect* delle istituzioni europee, perseguono strenuamente l'interesse nazionale, senza nemmeno più nasconderlo, in barba alla libertà di circolazione dei capitali, alla concorrenza e alle regole di finanza pubblica: controlli sugli investimenti infra-europei, distorsioni nel mercato interno causate dagli ingenti aiuti di Stato erogati dagli Stati con maggior capacità fiscale, bilanci pubblici gravati da una mole di debito che ne mette a repentaglio la stabilità finanziaria, e così via. Alcuni pilastri su cui si fonda la costruzione dell'Ue sono stati così messi in discussione. Anche nelle relazioni esterne dell'Unione si vede un cambiamento radicale: l'Europa ormai si preoccupa più del consolidamento del proprio posizionamento geopolitico sullo scacchiere internazionale che di alcuni obiettivi fondamentali che stanno alla base della sua stessa raison d'être quali pace, sicurezza, libertà dei commerci. La priorità è l'autonomia strategica in taluni ambiti fondamentali, a costo di entrare in rotta di collisione non solo con gli Stati che consideriamo competitor strategici, ma anche con gli alleati. La reazione di Macron all'elezione di Trump dice molto: «Il nostro modello di democrazia aperto è sfruttato da chi ci vuole dividere con vari attacchi ibridi... Il mondo è fatto di carnivori ed erbivori, se decidiamo di restare erbivori i carnivori ci mangeranno. Dobbiamo almeno diventare onnivori». Una vera e propria chiamata alle armi! In quest'enfasi bellicosa, Macron sembra considerare le istituzioni della società libera un elemento di debolezza anziché la ragione del nostro relativo successo.

La preminenza della politica è pericolosa perché mina alla radice l'ordine internazionale basato sulle regole. O meglio, le norme ci sono ed è bene che ci siano, ma valgono soprattutto per gli altri che devono rispettarle. Quando invece si scontrano con le nostre imprescindibili esigenze di interesse nazionale devono cedere il passo. Così si riscontra nell'opinione pubblica e nella politica un malcelato fastidio verso le organizzazioni che sembrano ignorare i «nostri» legittimi interessi in nome di concetti astratti e lontani dal comune sentire quali multilateralismo, globalizzazione, ordine economico internazionale. Il risultato è un processo di rinazionalizzazione della politica, con una perdita di valore e di influenza dei fori internazionali: poiché questi erano stati creati (del tutto consapevolmente e razionalmente) al fine di introdurre dei presidi contro ogni forma di degenerazione bellica, è evidente che oggi ci stiamo muovendo nella direzione opposta. Ciò non significa che le organizzazioni internazionali siano sempre state sufficienti a evitare l'escalation bellica: è sotto gli occhi di tutti che così non è stato. Ma esse hanno comunque avuto una funzione importante, rendendo meno probabile e meno frequente tale degenerazione. La loro delegittimazione, quali che ne siano le cause e chiunque ne siano i responsabili, fa venire meno questo meccanismo di continenza e rende i conflitti più probabili.

Frammentazione a caro prezzo

Un mondo diviso è un mondo più pericoloso

Il mondo è così sempre più diviso. Anche la fragile alleanza che, durante la presidenza Biden, teneva insieme l'Occidente nella sfida alle autocrazie, con il ritorno di Trump alla Casa Bianca e lo sfarinamento della politica europea mostra i suoi limiti. Perfino all'interno dell'Ue, gli Stati ormai competono accanitamente tra loro. Ognuno deve (o, comunque, pensa di dover) fare per sé.

I cambiamenti strutturali del mercato e la inevitabile frammentazione che ne consegue possono avere un pesante impatto sotto diversi punti di vista: sociale, economico e tecnologico. Anziché indurre ad aprire i mercati per incrementare gli scambi e favorire la crescita, come sarebbe logico attendersi, ciò rischia paradossalmente di ingenerare comportamenti di segno opposto. Se, infatti, si crede che le nostre difficoltà siano prevalentemente imputabili alla concorrenza sleale degli altri Stati (l'Inflation Reduction Act, le esportazioni sovvenzionate dalla Cina, i dazi di Trump, eccetera) allora servono ancora più dazi, protezioni e barriere a tutela delle nostre imprese. Si ingenera così un pericoloso circolo vizioso che accresce la tensione e la conflittualità internazionale.

In questo mondo così diviso nel quale i terreni di confronto sono assai numerosi, si moltiplicano anche le possibilità di conflitto armato. Spesso vengono toccati punti nevralgici della politica economica e di sicurezza e dunque non c'è da stupirsi se scattano reazioni virulente. Si innesca allora facilmente un'escalation che, in poco tempo, porta in superficie un'ostilità latente. A volte, per la verità, la querelle è solo un pretesto per passare dalle parole ai fatti, dalla guerra economica a quella belligerante.

Last, but not least, la rinazionalizzazione delle politiche incide pesantemente sulle forme di governo e mette a repentaglio le democrazie rappresentative, come noi le abbiamo conosciute nell'ultimo secolo. C'è infatti una stretta interrelazione tra sovranismo economico e autocrazia. Anche per questo il mondo frammentato in cui viviamo è molto più pericoloso.

Come cambia la struttura dei mercati

Come abbiamo evidenziato in precedenza, a dispetto degli ostacoli che si moltiplicano, il commercio internazionale per ora continua a crescere. La stessa variabilità nelle performance che si osserva a livello regionale sembra rispondere a determinanti legate al ciclo economico, più che a scelte strategiche dei governi. E invero, anche le prime simulazioni sugli effetti dei dazi minacciati da Trump, subito dopo la rielezione, indicano degli effetti certamente non paragonabili a quanto si verificò all'epoca dello Smoot-Hawley Tariff Act. Detto in altri termini: tra il dire della politica e il fare degli investimenti c'è di mezzo l'oceano del mercato.

Sono dunque fuori luogo le nostre preoccupazioni? Forse nell'immediato sì, ma se guardiamo avanti, nel medio-lungo termine, tutte queste misure restrittive sono destinate ad avere effetti dirompenti e duraturi nel tempo. E in parte li stanno già avendo, visto che il ciclo politico che stiamo descrivendo non è certo iniziato oggi. Dazi e altri ostacoli non tariffari comportano, infatti, una profonda riconfigurazione dei traffici commerciali, suscettibile di avere rilevanti ricadute sul tessuto industriale dei Paesi interessati. In generale, imprese e consumatori sono indotti a rifornirsi in giurisdizioni «amiche», non gravate da dazi o altri divieti o comunque ritenute più affidabili, anziché rivolgersi ai produttori più efficienti o a quelli che offrono beni di qualità superiore. Lo scontro tra Washington e Pechino ha portato a una riduzione delle importazioni dalla Cina: alcune produzioni sono state sostituite con forniture da Vietnam e Messico, altre sono state rimpatriate. Alcune imprese incontrano poi difficoltà quasi insormontabili per rifornirsi delle componenti più sofisticate dei propri prodotti; altre, per soddisfare le proprie esigenze, sono costrette a effettuare scelte antieconomiche nelle catene dei fornitori; altre ancora scontano ritardi tecnologici. È quest'ultimo il caso dell'industria eolica cinese che, a causa delle politiche industriali di sussidio alle industrie domestiche e di protezione dalla concorrenza estera, ha rallentato gli sviluppi tecnici. Così, mentre gli impianti destinati all'esportazione sono ancora per lo più di eccellente qualità, quelli commercializzati nel mercato interno si sono spesso dimostrati inefficienti o malfunzionanti, perché mal gestiti o mal collocati.

Le conseguenze economiche dei dazi non si limitano al settore colpito direttamente, ma si fanno spesso sentire su mercati diversi. Negli Stati Uniti, per esempio, i dazi sull'acciaio hanno (temporaneamente) fatto la fortuna dei produttori siderurgici, ma hanno al tempo stesso contribuito a indebolire le industrie a valle, specie quelle orientate all'export, come l'automobile. Chi prima acquistava auto americane, ora trova più conveniente comprarne una più economica giapponese, coreana o cinese; con la conseguenza che, se soddisfatto, in futuro abbandonerà definitivamente le marche statunitensi. A quel punto, se anche i dazi venissero meno, sarebbe difficile riconquistare i clienti perduti. Quando Trump si lamenta che gli europei non comprano le auto americane, dovrebbe fare anzitutto un esame di coscienza, visto che la sua stessa politica tariffaria ne è una delle cause.

Da questi cambiamenti «micro», non possono che derivare conseguenze «macro»: si limita il processo di specializzazione produttiva, si duplica la localizzazione delle attività e aumentano i costi dei prodotti a valle. Abbiamo visto come la globalizzazione, nella seconda metà del XX secolo, sia stata uno straordinario volano di crescita perché ha consentito di mettere a fattor comune capitale e lavoro provenienti dai quattro angoli del mondo. Oggi è in atto un processo inverso che, come spiegheremo nel prossimo paragrafo, ha un significativo costo. Non vanno poi sottovalutate le conseguenze del *reshoring*, motivato da esigenze securitarie, per taluni Stati che oggi si sostengono principalmente grazie alle esportazioni di materie prime o risorse energetiche e che fanno conto sui capitali esteri per i propri progetti di industrializzazione e sviluppo sostenibile.

Infine, queste misure possono anche influenzare le decisioni aziendali circa l'offerta dei propri servizi in un particolare mercato. Per esempio, la pervasiva regolamentazione europea nel settore delle piattaforme online e dell'intelligenza artificiale, volta a conquistare la sovranità digitale, rischia di tagliar fuori l'Europa dalla principale frontiera della ricerca e dell'innovazione. Meta, come si è detto in precedenza, è stata una tra le prime grandi società a prendere una decisione drastica in questo senso: oggi in Europa, e solo qui, alcuni dei suoi servizi sono a pagamento, a meno che gli utenti non accettino esplicitamente di mettere a disposizione dei dati ai fini della profilazione. Ciò è necessario, secondo l'azienda fondata da Mark Zuckerberg, per garantire il rispetto dei principi del Digital Services Act senza pregiudicare il proprio modello di business. Meta ha anche annunciato che alcuni nuovi prodotti, basati sull'utilizzo dell'intelligenza artificiale, non saranno disponibili nel territorio dell'Unione europea. Lo stesso hanno fatto altre piattaforme. Ad aggravare la situazione hanno certamente contribuito alcuni imprevisti coup de théâtre subito rientrati, ma che comunque hanno lanciato, ai grandi operatori del mondo digitale, un segnale d'allarme sui rischi degli eccessi normativi in

Europa. Tre casi, tra i tanti, sono avvenuti proprio nel nostro Paese: oltre alla già menzionata temporanea sospensione di ChatGPT, ritenuta inadempiente alle norme sulla riservatezza dei dati, la piattaforma Piracy Shield (attiva dal 1° luglio 2024 per contrastare la pirateria online) ha bloccato per un weekend l'accesso a Google Drive. Così gli italiani, per alcuni giorni, non hanno potuto utilizzare ChatGPT e Google Drive, due tra i più importanti e diffusi tool online. Vicenda che si è poi ripetuta, a gennaio 2025, col blocco di DeepSeek: la app cinese da allora non è scaricabile dagli store di Apple e Android. Che tipo di messaggio può dare questo? E possiamo davvero ridurlo a casualità, errori o comunque eventi eccezionali e irripetibili?

Mentre dunque ci consoliamo con i dati dell'interscambio, il sovranismo sta lentamente cambiando la struttura dell'economia globale, in modo più o meno dissimulato, agendo spesso sottotraccia. E un po' alla volta ci ritroveremo, quasi per inerzia, in un mondo affatto diverso.

Il costo del disaccoppiamento

Un'analisi sull'impatto della politica economica di Trump nel suo primo mandato ha calcolato che le aziende americane importatrici dei beni gravati dai dazi hanno dovuto sostenere un aumento dei costi pari a circa 900 dollari per addetto. Questo ha comportato una perdita di quote di mercato all'estero. Inoltre, i minori proventi dei partner commerciali dalle loro esportazioni negli USA si sono tradotti in un corrispondente calo nell'acquisto di beni e servizi americani da parte di clienti stranieri. Da un lato, quindi, si è ridotto il deficit nella bilancia commerciale sui beni importati, ma dall'altro lato è diminuito anche il surplus commerciale in altri settori. Se ai dazi esistenti se ne aggiungeranno altri – come ormai appare evidente – e se questi produrranno ulteriori ritorsioni, vedremo nei prossimi mesi un generalizzato incremento dei prezzi a cui farà seguito una riduzione degli scambi commerciali, probabilmente senza grandi conseguenze sui saldi della bilancia commerciale americana, ma con rilevanti effetti sulla sua composizione. A maggior ragione se Trump partirà dai Paesi le cui economie sono più strettamente legate a quella americana, come il Messico e il Canada.

Quale può essere l'impatto economico di una futura riduzione degli scambi? I dati della seconda metà del Novecento forniscono un utile parametro: tra il 1950 e il 1998 il mondo ha avuto un tasso di crescita medio del 3,9 per cento all'anno, più del doppio dell'1,6 per cento sperimentato tra il 1820 e il 1950 e incomparabilmente superiore allo 0,3 per cento dei tre secoli abbondanti che vanno dal 1500 al 1820. In termini pro capite, la differenza nei tassi di crescita è ancora più impressionante: 0,05 per cento all'anno tra il 1500 e il 1820, 0,9 per cento tra il 1820 e il 1950 e 2,1 per cento nel periodo successivo. Non è esagerato attribuire gran parte di questa crescita proprio al commercio internazionale: tant'è che gli scambi sono cresciuti più rapidamente del Pil. La controprova arriva dal 2020, l'anno del Covid e dei lockdown: l'economia globale si è contratta, in termini reali, del 2,9 per cento, la recessione più severa dalla Seconda guerra mondiale. Il commercio internazionale di beni si era ridotto, nello stesso periodo, dell'8 per cento (mentre il calo per i servizi è stato ancora più pronunciato, 21 per cento, a causa soprattutto del crollo dei trasporti). Ovviamente, quella fu un'esperienza eccezionale e non ripetibile, ma aiuta a farsi un'idea del rapporto tra l'andamento dell'economia globale e del commercio internazionale.

Stabilire quale possa essere, in concreto, l'impatto economico della segmentazione dei mercati non è facile, perché ovviamente è necessario fare molte assunzioni. I costi non derivano solo dalla riduzione nel volume degli scambi: il disaccoppiamento porta con sé anche perdite di opportunità, minore specializzazione, eccetera. Un gruppo di economisti del Fondo monetario internazionale si è concentrato, per esempio, sul *decoupling* tecnologico, cioè la focalizzazione di ciascun Paese sulle tecnologie domestiche. Oltre a provocare una riduzione degli scambi commerciali nei settori hi-tech, comporta un'inefficiente allocazione del capitale e una serie di svantaggi derivanti dalla condivisione della conoscenza (di cui discuteremo nel prossimo paragrafo). Complessivamente, la perdita di Pil a livello globale potrebbe arrivare fino al 5 per cento al di sotto di uno scenario controfattuale. Uno studio analogo dell'OMC – che ragiona in termini di benessere sociale e non di Pil – alza l'asticella al 12 per cento. E altre indagini trovano risultati analoghi.

L'aggiunta di vincoli al processo di specializzazione internazionale, o addirittura l'imposizione di obblighi in senso contrario nel nome della «sicurezza», si traduce, come dicevamo poc'anzi, in una cattiva allocazione del capitale. Sappiamo che ogni Paese normalmente si concentra nei settori e nelle attività nei quali ha i maggiori vantaggi comparati e investe nelle relative attività di ricerca e sviluppo. Quando non può più importare un prodotto, perché intervengono ostacoli di natura politica, è costretto a produrlo «in casa». Deve dunque autonomamente acquisire tutti i beni necessari, tanto materiali (stabilimenti, macchinari, infrastrutture) quanto immateriali (brevetti, marchi, know-how), oltre ovviamente a lavoratori con le competenze necessarie.

Tutto ciò ha un costo: in primo luogo, molti sforzi vengono duplicati, il che è particolarmente problematico nei comparti in cui le economie di scala incidono molto o in cui sono necessarie professionalità estremamente specialistiche, che richiedono tempo per poter essere formate. In secondo luogo, l'industria nazionale costruita ad hoc potrebbe detenere una posizione di monopolio in quel mercato *captive*. Di questo, si dirà, faranno le spese «loro» e ben gli sta –, se non fosse che, talvolta, potremmo scoprire che «loro» siamo *noi*. Infine – e questo è il maggior problema – il capitale impegnato per duplicare gli sforzi viene sottratto ad altri impieghi che (per definizione) sarebbero più produttivi. Questo fenomeno sta già verificandosi e ha precise conseguenze economiche.

Secondo il Fondo monetario internazionale, l'impatto negativo sul Pil globale, nel lungo termine, potrebbe essere dell'ordine del 2 per cento. La perdita di prodotto non sarebbe distribuita equamente tra tutti i Paesi: i più danneggiati probabilmente saranno quelli a basso reddito, che già oggi hanno maggiori difficoltà ad avere accesso ai finanziamenti e ai capitali. Ma anche le nazioni più industrializzate pagheranno pegno. E, paradossalmente, l'accorciamento delle filiere renderà i Paesi più fragili di fronte agli shock macroeconomici, proprio perché potranno contare su «reti di salvataggio» più ridotte: il che è davvero beffardo, visto che la riconfigurazione del mercato globale viene giustificata con l'esigenza di rafforzare la sicurezza nazionale e la «resilienza» del tessuto economico.

Tutte queste stime vanno prese con le pinze se si guarda alla loro quantificazione, ma sono coerenti tra loro e ci consegnano un messaggio univoco: un mondo più sovranista è un mondo che cresce meno.

Il rallentamento dei processi innovativi

La frammentazione condiziona le prospettive di crescita anche in modo indiretto, rallentando l'innovazione. Quest'ultima nasce da un processo complesso e in parte caotico, nel quale i risultati della ricerca di base, le invenzioni derivanti dalle loro applicazioni e le intuizioni degli imprenditori concorrono a mettere a disposizione della collettività risorse, prodotti e servizi precedentemente inesistenti o sottovalutati. Talvolta le invenzioni sono associate al nome di un individuo straordinario – i cannocchiali di Galileo, le lampadine di Thomas Edison, i razzi di Elon Musk – ma più spesso non c'è una sola persona alla quale siano riconducibili. Alcune delle più grandi innovazioni sono anonime: siamo grati a Johannes Gutenberg per la stampa, ma non sappiamo chi ringraziare per la carta su cui si imprimono i suoi caratteri mobili. Questo perché l'innovazione nasce sovente da intuizioni casuali o addirittura accidentali – da «errori fecondi», per riprendere il titolo di un bel pamphlet di Giovanni Battista Zorzoli – e segue strade misteriose. Inoltre, tendiamo a pensare che si riferisca all'immissione in commercio di nuovi «apparecchi», ma questa è solo una delle sue dimensioni. Riprendendo la classica ripartizione di Schumpeter, l'innovazione riguarda, oltre ai prodotti, i processi produttivi, i materiali, i mercati e le forme organizzative.

Tutto questo per dire che l'innovazione, la cui importanza per il progresso nessuno mette in dubbio, può essere incentivata o scoraggiata attraverso politiche più o meno ben congegnate, ma fondamentalmente è il prodotto di un mondo anarchico nel quale le idee circolano, vengono modificate, talvolta persino copiate e a un certo punto, quasi per magia, ci consentono di vedere la realtà con occhi diversi. Un oggetto che prima non c'era viene inventato e produce effetti che vanno molto al di là delle intenzioni o delle aspettative iniziali del suo artefice. Talora, invece, il bene, servizio o la tecnica di produzione già esistevano, ma qualcuno ne intuisce un utilizzo originale che apre nuove frontiere: la fratturazione idraulica e la perforazione orizzontale erano tecnologie note da decenni, ma è solo con la loro combinazione nei primi anni Duemila che gli Stati Uniti, da importatore di petrolio, ne sono diventati il più importante produttore globale e uno dei maggiori esportatori. Altre volte vengono sperimentate tecnologie che lì per lì si rivelano inefficaci o che, comunque, potranno essere utilizzate solo in un diverso momento (la prima auto elettrica risale agli anni Ottanta dell'Ottocento, ma è solo adesso che si sta imponendo come il veicolo del futuro). Chi sbaglia ne paga il prezzo, ma anche gli innovatori di successo spesso beneficiano in misura assai limitata rispetto al valore per la società del loro prodotto. Molto del dibattito sugli immensi patrimoni dei super-ricchi sembra ignorare che i fantastiliardi dei Bill Gates e dei Jeff Bezos sono una frazione del benessere che hanno contribuito a creare.

Se per l'innovazione contano le idee, allora le persone sono fondamentali. Persone che studiano, sperimentano, si confrontano, collaborano, competono e – questo è il punto cruciale – scambiano le proprie conoscenze. La frammentazione del mercato globale comporta la rottura di questi legami, per esempio limitando o impedendo la cooperazione tra le università situate in Stati diversi: inevitabilmente i processi innovativi ne soffriranno. Alcuni segnali d'allarme cominciano già a intravedersi a causa del crescente disaccoppiamento tra le economie statunitense e cinese. Gli USA non acquistano più prodotti di alta tecnologia da imprese cinesi e impediscono ai propri produttori di semiconduttori di esportare in Cina taluni microchip di ultima generazione. Anche la cooperazione tra scienziati di questi due Paesi è ormai ridotta ai minimi termini. Così, entrambi i Paesi perdono l'accesso ai prodotti di frontiera sviluppati dall'altro e ciascuno deve industriarsi per fare da sé. A sua volta, ciò comporta una duplicazione delle attività di ricerca e un forte vincolo alla specializzazione del lavoro (anche nel campo della ricerca di base e della ricerca applicata), solo in parte mitigato dall'emergere di Paesi che cercano di collocarsi al crocevia tra i duellanti e di trarne vantaggio (come la Malesia). Questo è un costo ulteriore, che si aggiunge a quello di cui abbiamo parlato poche pagine indietro e relativo alla cattiva allocazione del capitale e al suo impiego in utilizzi relativamente poco produttivi.

Tutto ciò, vale la pena ribadirlo, è già realtà: non stiamo parlando di rischi futuri, bensì di fenomeni in atto. Con quali conseguenze? È difficile esprimere valutazioni puntuali, ma il senso di marcia lascia ben poco spazio all'ottimismo. La rottura della collaborazione sta riducendo il numero di nuovi brevetti da parte di imprese cinesi. Non è un gioco a somma zero: i minori brevetti cinesi non sono compensati da un aumento delle registrazioni altrove. Al contrario, l'effetto concreto sarà un rallentamento nella capacità innovativa del mondo e una moltiplicazione degli sforzi. Probabilmente ci sarà anche una battuta d'arresto nella cooperazione internazionale per contrastare i furti di proprietà intellettuale. In fondo, le regole e le richieste dei partner si rispettano nel nome della lealtà reciproca, quelle degli avversari solo se – e nella misura in cui – se ne ricava una utilità diretta oppure si teme la loro reazione.

La questione è molto più ampia di quello che sembra. Al momento ne possiamo osservare i primi impatti che riguardano prevalentemente le aziende tecnologiche cinesi e, in misura minore, americane. Ma la riduzione del numero delle scoperte, la duplicazione degli sforzi e delle spese e il *decoupling* tecnologico possono generare effetti anche in altri settori e in altri Paesi. L'innovazione è spesso trainata dal caso. Tizio inventa un prodotto con un certo obiettivo e poi si rende conto che se ne può fare un utilizzo differente: per esempio, l'email nacque come strumento secondario nell'ambito del progetto DARPA, alla fine degli anni Sessanta, per facilitare le comunicazioni tra alcuni centri universitari. All'epoca – come raccontano Deirdre McCloskey e Alberto Mingardi che ne hanno ricostruito la vicenda nel volume *The Myth of the Entrepreneurial State* – nessuno avrebbe mai finanziato un progetto per sviluppare un sistema di comunicazione istantanea per iscritto, visto che c'erano già il telefono e il fax. Qualche decennio dopo, però, può dirsi, senza esitazioni, che l'email sia stato il risultato più significativo (ancorché inintenzionale) di quel programma. Per fare un esempio più vicino a noi, quando Steve Jobs creò l'iPhone non immaginava certo che, nel giro di pochi anni, sarebbe stato utilizzato per visualizzare video in streaming o per ordinare la pizza a domicilio. Una politica che riduce l'attività innovativa uccide nella culla sviluppi potenzialmente rivoluzionari.

Un esempio interessante e recente è quello della tecnologia dell'RNA messaggero, alla base dei vaccini che sono stati sviluppati a tempo di record e ci hanno salvati dal Covid. È un caso rilevante per diverse ragioni. Innanzitutto, come negli esempi sopra riportati, la tecnica di base – il mRNA appunto – era considerata promettente per finalità di ricerca che nulla avevano a che vedere con una pandemia infettiva (cioè la prevenzione di alcune tipologie di cancro). In secondo luogo, è stato possibile sviluppare a tempo di record questi vaccini proprio perché esisteva un settore farmaceutico fortemente internazionalizzato e altamente competitivo che si è gettato a capofitto nella ricerca (grazie anche a generosi finanziamenti pubblici e, negli USA, all'adozione di procedure accelerate per l'autorizzazione). Il valore restituito alla società è immensamente superiore sia ai sussidi ricevuti, sia ai dividendi incassati dagli azionisti di società come Moderna e Pfizer. Infine, occorre sottolineare che questo è stato l'esito di uno sforzo collettivo e collaborativo, basato proprio sulla condivisione della conoscenza. Quei Paesi che, invece, si sono intestarditi a puntare su soluzioni autarchiche (come la Cina e la Russia) sono arrivati a risultati magari in sé pregevoli, ma non certo paragonabili al meglio che la farmaceutica occidentale ha saputo produrre. Anche l'Italia ha manifestato l'aspirazione a sviluppare un «proprio» vaccino: avventura finita nel nulla, costata qualche decina di milioni di euro che avrebbero potuto essere meglio impiegati e rapidamente dimenticata grazie all'adozione dei più promettenti farmaci internazionali.

E l'Europa? In questo paragrafo ne abbiamo parlato poco perché, come abbiamo già detto, è una presenza evanescente nella ricerca di frontiera, specie nei settori ICT. Per certi versi questo fa del nostro continente quello che ne ha più da perdere: se siamo beneficiari netti dell'innovazione altrui, a cui contribuiamo in misura minore, la perdita di capacità innovativa avrà ripercussioni ancora più violente sulla nostra economia.

Un mondo che scambia meno, che si divide, che distrugge i legami di fiducia e cooperazione tra centri di ricerca e aziende di diversi Paesi, è un mondo che innova meno. E poiché l'innovazione è il motore della crescita nel lungo termine, alla riduzione dei tassi di crescita legata alla frammentazione dei mercati globali si aggiunge un ulteriore impatto, più significativo nel lungo termine.

Dalle guerre economiche a quelle belligeranti il passo è breve

Abbiamo più volte affermato come la linea di demarcazione tra le guerre economiche e quelle belligeranti sia sottile. Basta un nulla per oltrepassare la soglia di sicurezza e trovarsi coinvolti in un'escalation, difficile da arrestare che può portare rapidamente a un conflitto armato. In un editoriale sul «Corriere della Sera», Angelo Panebianco notava come le guerre possono scoppiare anche se nessuno le vuole, per il solo fatto che «si mettono in moto processi semi-automatici di cui si finisce per perdere il controllo. È il caso della Prima guerra mondiale». Come bene ha raccontato Christopher Clark ne *I sonnambuli* (2013), infatti, l'Europa si è avviata in modo del tutto inconsapevole al dramma che ha portato alla dissoluzione di quattro imperi e alla morte di milioni di persone. La storia è piena di esempi, anche se pochi sembrano aver appreso la lezione.

Abbiamo già menzionato in precedenza come le guerre tariffarie degli anni Trenta abbiano contribuito a indurre la Germania a cercare le materie prime di cui necessitava nell'Europa dell'Est. Quando il governo statunitense, nel luglio 1941, dispose un embargo sui prodotti petroliferi, sui metalli ferrosi e altre merci strategiche (vietando tra l'altro il transito delle navi giapponesi attraverso il canale di Panama) che colpiva gravemente l'economia nipponica, per tutta risposta, il Giappone firmò il Patto tripartito con Germania e Italia. E ancora: la crisi di Suez del 1956 scoppiò dopo la nazionalizzazione del Canale da parte dell'Egitto. Analogamente, la riforma agraria e le nazionalizzazioni di Fidel Castro furono il preludio all'invasione della Baia dei Porci.

Ovviamente ci sono sempre molte concause e preesiste un sostrato di ostilità. Le misure economiche, però, possono esacerbare la situazione conducendola a un punto di non ritorno. Tutto ciò non vuol dire che si passi automaticamente dalle misure economiche a quelle militari. Non pensiamo certo che finiremo a combattere solo per i dazi di Trump, ma la conflittualità sul piano economico incrina le alleanze, induce a comportamenti opportunistici, mina la già fragile stabilità internazionale. In questo momento in cui le organizzazioni internazionali politiche come le Nazioni Unite sostanzialmente non funzionano e quelle economiche sono spesso paralizzate, non vi sono fori internazionali in grado di prevenire sul nascere queste situazioni di conflittualità o almeno evitare che degenerino. Gli Stati Uniti sembrano ripiegati su loro stessi (*America First*) e, proprio per queste continue schermaglie su temi economici anche con gli alleati storici, non hanno più una chiara indiscussa leadership che possa (o voglia) impedire un'escalation. C'è un *wild world* là fuori oggi nel quale Stati e attori non statali si pongono frequentemente al di fuori dalle ormai desuete regole del *Washington Consensus*. E, dunque, oltre alla accesa competizione tra i tre grandi blocchi (USA, Ue e Cina) c'è ampio spazio per pericolosi conflitti regionali dove etnonazionalismo e sovranismo economico costituiscono un mix letale.

In casi estremi le misure economiche possono portare direttamente a una reazione armata, se si ritiene che in tal modo la propria sicurezza nazionale sia messa a repentaglio. I chip cinesi al momento scontano solo un paio di generazioni di prodotto di ritardo rispetto a quelli statunitensi. Ove questo gap divenisse eccessivo e le industrie ad alta tecnologia entrassero in una seria crisi, suscettibile di pregiudicare gli apparati difensivi cinesi, la situazione assumerebbe una diversa portata. Questo potrebbe essere un elemento catalizzatore per accelerare i piani di conquista di Taiwan, dove come abbiamo visto esiste una fiorente e sofisticata industria del settore.

Quel circolo vizioso tra sovranismo economico e autocrazie

L'involuzione che stiamo osservando sul piano economico ha inevitabili ricadute anche su quello politico. Così come il libero scambio prospera nella società aperta e rafforza la democrazia liberale, sovranismo economico e nazionalismo politico sono strumenti imprescindibili nell'armamentario delle autocrazie e concorrono a legittimare molte decisioni in senso illiberale.

Pensiamo agli aspetti identitari di queste politiche («noi» e «loro»), alla demonizzazione delle organizzazioni internazionali e al rifiuto del multilateralismo, alle polemiche antimigratorie, al rigetto della globalizzazione, eccetera. Tutto ciò giustifica un più stretto controllo sulle attività economiche, una forte presenza pubblica nei settori industriali di maggior rilievo, un pugno di ferro contro le potenze ostili che cercano, con ogni mezzo, di conquistare i nostri mercati e le nostre imprese. Il governo si presenta come l'unico bastione contro tutti questi pericoli che insidiano la nazione e trae da ciò una legittimazione ulteriore.

Secondo la narrazione prevalente, in questi tempi difficili, di emergenza permanente, servono mezzi più incisivi per affrontare queste sfide. Di qui la sfiducia nei confronti delle democrazie liberali: quante volte abbiamo sentito lamentele sulla durata dei processi decisionali, sull'incapacità di reagire immediatamente e inflessibilmente alle crisi, sulla necessità di non andarci tanto per il sottile visto che la gravità della situazione lo richiede?

Naturalmente, anche le democrazie rappresentative adottano talvolta politiche economiche più o meno sovraniste, come accade in questo momento in molti Paesi occidentali, Italia compresa. Non può dunque dirsi che vi sia un nesso imprescindibile tra tali politiche e la forma di governo. Non è però azzardato sostenere che si inneschi spesso un circolo vizioso in cui è difficile dire quale sia la causa e quale la conseguenza. E un po' alla volta il baricentro politico si sposta sempre più nel campo delle autocrazie.

Lo si vede bene dal tono con cui vengono condotte le campagne elettorali, sempre più virulento e che spesso produce una rincorsa tra i contendenti a dimostrare di essere «più sovranisti» o a rivendicare di essere «i soli difensori della nazione» – e nella simmetrica accusa che i partiti teoricamente dell'establishment rivolgono a quelli sovranisti, se questi ultimi vanno al governo, tacciandoli di non realizzare il proprio programma. Ma c'è anche un aspetto ulteriore e più preoccupante di questa involuzione: la retorica talvolta davvero scoperta che tradisce un senso di invidia per le autocrazie. Quante volte abbiamo sentito esponenti politici di destra e sinistra lamentarsi che non possiamo resistere all'avanzata cinese perché il nostro governo non dispone degli stessi mezzi di quello di Pechino. Il riferimento è all'assenza di vincoli alle scelte di politica industriale, alla rapidità con cui vengono realizzate le infrastrutture o alla gestione delle finanze pubbliche. Ma questi attributi dei governi autocratici derivano precisamente dalla mancanza di tutele costituzionali per i diritti dei cittadini: gli autocrati possono liberamente espropriare i proprietari, sopprimere il dissenso e premiare le imprese che li finanziano (o semplicemente che producono i beni o le tecnologie di cui in quel particolare momento si infatuano, salvo poi cambiare idea e decretare con un tratto di penna il fallimento di un'azienda e il successo di un'altra). È davvero questo quello che vogliamo? Tutti siamo consapevoli di quanto le lungaggini burocratiche e procedure talvolta barocche incidano sulla scarsa attività economica e nessuna semplificazione o deregolamentazione sarà mai troppo radicale o prematura, ma dobbiamo essere anche consapevoli che proprio quelle procedure e quella burocrazia, certamente migliorabili, nascono e servono da presidio dei diritti degli individui e da argine alle pretese del sovrano.

In *Liberalismo contro populismo*, un bel libro del 1982 dedicato proprio al rapporto tra liberalismo e populismo, lo scienziato politico William Riker spiegava che la ragion d'essere delle nostre istituzioni – la democrazia e la divisione dei poteri – va cercata nel tentativo, per quanto imperfetto, di prevenire gli abusi di potere. Tali abusi vengono spesso giustificati con la pretesa di interpretare la «volontà del popolo», ma la volontà del popolo è inconoscibile se non, appunto, attraverso i comportamenti concreti (anche elettorali) degli individui. E se il disegno istituzionale impedisce di attuare le pulsioni peggiori è proprio perché queste farebbero disgregare la società, mettendo in discussione i diritti dei singoli e riducendo tutto alla legge del più forte (o dei più numerosi). «Il populismo» scrive Riker «rafforza la normale arroganza dei governanti con una sorta di giustificazione interna per la tirannia, una riedizione contemporanea del diritto divino dei sovrani.» È per questo che gli autocrati cercano di falsare il gioco democratico alimentando il populismo all'interno dei Paesi democratici: perché sanno che in tal modo la lingua delle democrazie diventerà più simile alla loro. Ed è per questo che è necessario riconoscere i rischi, anche per la democrazia, dell'attuale ondata sovranista e populista – sia quando essa si presenta col suo volto più esplicito, sia quando si mostra con la maschera dell'establishment.

Conclusioni
C'è una via d'uscita?

Così fan tutti

Come si esce da questo guazzabuglio di dazi, controlli sugli investimenti, sanzioni, embarghi, sussidi e chi più ne ha più ne metta? Se cerchiamo qualcuno che possa salvarci, mettiamoci l'anima in pace. Non c'è un «cavaliere bianco» che possa sottrarci ai tanti pericoli che abbiamo evidenziato nelle pagine che precedono. Non c'è, non può esserci ed è bene che non ci sia: non aveva tutti i torti Bertolt Brecht quando diceva «beato quel popolo che non ha bisogno di eroi».

Nel passato, anche recente, c'era pressoché ovunque una netta contrapposizione tra la maggioranza di sostenitori, per quanto tiepidi, della società aperta (suddivisi tra i vari partiti mainstream di ogni tendenza), da un lato, e i movimenti populisti, statalisti, sovranisti, nazionalisti (tanto di destra che di sinistra), dall'altro lato. Questi ultimi – per lo più minoritari ancorché rumorosi – nel giro di pochi anni hanno incrementato la visibilità esterna e il peso politico nelle sedi istituzionali. La prima presidenza Trump li ha definitivamente sdoganati, facendoli uscire dal ghetto politico nel quale erano relegati, e ha dato loro una legittimazione fino ad allora insperata. Se perfino l'America – patria del libero mercato – abbandonava le regole del *Washington Consensus* per imboccare una nuova via, fortemente conflittuale, nella quale l'interesse nazionale doveva sempre e comunque prevalere, non solo a scapito dei competitor, ma anche degli alleati (*America First*), cosa avrebbe potuto trattenere gli altri Stati dal seguirla su questa pericolosa china? Dopotutto, in Europa in particolare (ma anche nel resto del mondo), vi era una lunga e consolidata tradizione di interventismo statale nell'economia, sia per effetto di una diffusa proprietà pubblica delle imprese sia per le politiche dirigiste perseguite per decenni. Le nuove parole d'ordine, dunque, trovavano spesso orecchie già inclini all'ascolto. Così le minoranze, in diversi casi, sono divenute maggioranze: il governo nato in Italia dalla strana coalizione Movimento 5 stelle e Lega ne è una chiara esemplificazione. L'unico collante tra due forze profondamente diverse erano le politiche antieuropeiste e populiste. E anche là dove questi movimenti populisti e sovranisti restavano esclusi dai palazzi del potere, le loro idee andavano diffondendosi e condizionavano la maggioranza che spesso finiva per inseguirli in una insensata corsa al ribasso.

C'era, però, ancora speranza. Noi stessi, che a quell'onda montante dedicammo un libro alcuni anni fa (*Contro il sovranismo economico*, 2020), confidavamo che fosse dopotutto un fenomeno passeggero. Così come Trump – pensavamo erroneamente – era un cigno nero, spiazzante, ma transitorio. Le nostre aspettative sembrarono confermate quando, nel novembre del 2020, Biden vinse le elezioni. Ritorno alla normalità? Niente affatto. Appena entrato alla Casa Bianca, Biden ha infatti messo mano alle norme sul *Buy American* che obbligano le amministrazioni pubbliche a dare la precedenza ai prodotti americani negli appalti. Il principale atto legislativo di politica economica nella sua presidenza – l'Inflation Reduction Act – è uno strumento distorsivo della concorrenza e protezionista, oltre che una delle cause dell'escalation del debito statunitense e dell'inflazione che alla fine si è ritorta contro lo stesso presidente. Né è diminuita la conflittualità con la Cina, anzi le misure che abbiamo illustrato, volte a limitarne l'accesso ai chip più avanzati, hanno creato una tensione senza precedenti. Insomma, sono cambiati certamente lo stile e in parte le finalità, ma non, sotto questo specifico profilo, il contenuto delle politiche economiche.

Più in generale, allargando lo sguardo, ci si rende conto che ovunque le policy che inizialmente erano portate avanti dai soli movimenti sovranisti e populisti, complici le varie emergenze che si sono susseguite in questi cinque anni, sono state scippate e fatte proprie dai partiti tradizionali e dai governi di tutt'altro orientamento. Un po' alla volta, come abbiamo visto, lo stesso lessico economico è cambiato: tariffe, *Golden Power*, sussidi, autonomia strategica, *decoupling*, eccetera, sono entrati nel linguaggio quotidiano.

La sconsolante verità è che ormai c'è ampio consenso su queste politiche, tanto a destra quanto a sinistra. Per restare in Italia: Conte-Schlein e Meloni-Salvini sono agli antipodi su temi quali diritti civili, immigrazione e (in parte) politica internazionale, ma quando si tratta di limitare la concorrenza, statalizzare un'impresa privata, erogare fondi pubblici, imporre prescrizioni alle imprese, invocare dazi sui prodotti stranieri sono tutti d'accordo. Anzi: chi di volta in volta si trova all'opposizione accusa tipicamente il governo di non fare «abbastanza», di non essere sufficientemente aggressivo nell'affermare l'«interesse nazionale». E lo stesso avviene nei principali Paesi europei: Macron si presenta come campione del liberalismo, ma poi – nella migliore tradizione d'oltralpe – persegue politiche colbertiste; Scholz ha causato la fine della coalizione di governo per cercare di rimuovere il cosiddetto freno all'indebitamento (*Schuldenbremse*), previsto dalla Legge fondamentale tedesca. Perfino l'Ue ha ormai adottato una terminologia trumpiana: nella sua prima uscita, dopo il voto parlamentare di conferma, il vicepresidente della Commissione Stéphane Séjourné ha dichiarato al «Financial Times» che l'Europa deve mettersi sull'offensiva per perseguire i propri interessi strategici di business, rispondendo agli altri blocchi «*Europe First!*».

Insomma, facendo il verso a Don Alfonso, «ripetete con me: così fan tutti!».

Il pessimismo è d'obbligo

Il pessimismo è d'obbligo! Con queste parole inizia il penultimo capitolo de *Le conseguenze economiche della pace*, nel quale Keynes, con estrema lungimiranza, nel 1919 anticipava le drammatiche conseguenze del Trattato di Versailles, un accordo mal concepito e ancor peggio negoziato. Il revanscismo tedesco, degenerato poi nella Seconda guerra mondiale, si sarebbe potuto evitare se qualcuno avesse ascoltato le parole del grande economista inglese. Anche se le scienze sociali non sono matematica, gli effetti dei comportamenti degli operatori economici sono invero spesso prevedibili o anticipabili. Ciò vale anche nel nostro caso: le politiche di chiusura inevitabilmente porteranno a una contrazione della crescita; l'acrimoniosa conflittualità è suscettibile di far scattare reazioni sconsiderate la cui portata non è prevedibile, ma comunque potenzialmente devastante. Eppure, ben pochi sembrano preoccupati. Rasserenati dal trend positivo dei mercati azionari, drogati da politiche monetarie e fiscali troppo accomodanti, si preferisce chiudere gli occhi dinanzi agli effetti delle guerre economiche in atto. A costo di essere, provocatoriamente catastrofici, viene alla mente l'immagine dell'ultima notte sul *Titanic*: la nave si dirige spedita verso l'iceberg, mentre gli ospiti in prima classe ballano spensierati.

Diciamolo chiaramente: pensiamo che andrà molto peggio, prima che vada meglio. All'orizzonte non ci sono infatti prospettive rassicuranti o chiare vie d'uscita. Anzi... La rielezione di Trump, la sua retorica infiammata contro tutti i partner commerciali, le avvisaglie di una nuova guerra tariffaria a tutto campo e la malcelata avversione verso gli europei, sembrano preludere a un rapido deterioramento della situazione.

E allora? Come se ne esce? Certo non facilmente e neppure in poco tempo. Non c'è, infatti, volontà politica nei principali *decision maker* di cambiare approccio. Al contrario, c'è una generale convergenza di vedute nel continuare a privilegiare gli aspetti securitari in ambito economico e proseguire sulla via dell'unilateralismo. Solo una maggiore consapevolezza degli irreparabili danni all'ambiente causati dal cambiamento climatico può forse indurre, in questa fase, a una maggiore cooperazione internazionale che prevalga sulle ragioni della sicurezza, almeno in quel campo. Ma l'elezione di Trump, che nega apertamente la realtà della crisi climatica, e il rallentamento di queste politiche in Europa riducono le probabilità che si trovino forme efficaci di collaborazione internazionale in materia.

Serve dunque (ahinoi) un forte scossone allo status quo. Lo è stato, in tempi recenti, la crisi finanziaria e dei debiti sovrani. E il risultato è oggi sotto i nostri occhi. Per fare un altro recente esempio, dopo un decennio di accesi dibattiti sull'opportunità di emettere debito comune europeo – ipotesi sempre respinta sdegnosamente dalla Germania e dagli altri Paesi «frugali», anche a rischio di mandare in default qualche Stato membro – dinanzi alla crisi pandemica, in pochi mesi è stato superato il tabù degli eurobond e abbiamo varato il programma Next Generation EU (da cui deriva il PNRR). A prescindere dal bilancio di quell'operazione – che oggi, alla luce dei dati sull'efficacia dei vari piani nazionali, sembra meno positivo di quanto pareva inizialmente – è indubbio che dalla crisi si è realizzato un cambiamento radicale.

Del resto, è stato spesso così nella storia. Se torniamo indietro nel tempo, la Prima guerra mondiale ha seppellito il «mondo di ieri» dove, come scriveva Stefan Zweig, «nessuno credeva alla guerra»; la Seconda guerra mondiale ha decretato la fine dei nazionalismi degli anni Trenta e iniziato il percorso virtuoso di multilateralismo e riapertura dei traffici commerciali; la riforma economica cinese, guidata da Deng Xiaoping, e lo smembramento dell'Unione Sovietica hanno aperto le porte alla nuova fase di globalizzazione. In ciascuno di questi casi, le regole del nuovo ordine economico sono state scritte dopo eventi che hanno completamente rivoluzionato e messo in crisi quello precedente.

Sia chiaro, non ci iscriviamo al partito del tanto peggio tanto meglio. Non attendiamo con impazienza una grande crisi economica e sociale o addirittura un conflitto per porre fine a queste scellerate politiche sovraniste. Ma sappiamo che la prospettiva è concreta: è un incubo che ci tiene svegli la notte. Cosa possiamo aspettarci perché venga rimesso in discussione questo nuovo *Consensus*? Ovviamente non abbiamo la sfera di cristallo e, comunque, non avrebbe molto senso enumerare degli eventi astrattamente suscettibili di bloccare questa spirale bellicosa e riportare il pendolo verso politiche di cooperazione e apertura. In ogni caso, la realtà generalmente supera la fantasia. Ma forse possiamo fare uno sforzo per superare la fase attuale senza necessariamente passare da un'ulteriore tragedia. O, riprendendo un celebre discorso di Margaret Thatcher, per arrivare alla stagione della comprensione e del buonsenso senza passare attraverso un inverno di scontento.

Le parole sono importanti

L'affermazione del sovranismo – sia nella sua versione originaria antiestablishment, sia in quella istituzionalizzata – è il frutto di una abile e vittoriosa battaglia culturale prima che politica. Lo testimonia il tentativo di contrastarlo utilizzandone le medesime parole d'ordine: l'enfasi sulla «sovranità europea» è qualcosa di più di una correzione politica. È anche e soprattutto l'ammissione di una sconfitta intellettuale. Dobbiamo dunque attendere una oscillazione del pendolo nella direzione opposta. Ma questi fenomeni possono richiedere decenni per materializzarsi, perché i canali di trasmissione delle idee – persino in un mondo iperconnesso come il nostro – restano quelli tradizionali. Nel frattempo, che fare?

Occorre anzitutto ribellarsi alla retorica sovranista che si alimenta delle nostre paure, innescando un pericoloso circolo vizioso che ci trascina verso l'abisso: se «loro» ci vendono sottocosto i prodotti, attirano a suon di sussidi le nostre fabbriche, ci comprano le migliori aziende, ci rubano le tecnologie, allora si giustificano le nostre misure ritorsive. Cerchiamo di restituire al linguaggio una maggiore aderenza ai fatti. Torniamo a chiamare con il loro nome il protezionismo, il dirigismo, il nazionalismo, anziché usare eufemismi più accettabili come autonomia strategica, *de-risking*, *friendshoring*. Non è certo sufficiente ad aggiustare la rotta, ma è un primo, indispensabile passo. E questo lo possiamo fare tutti noi, nel discorso pubblico: non dobbiamo attendere l'azione dei governi (di cui ci occuperemo nel prossimo paragrafo). Qualcuno penserà: «Anime belle, pensano di cambiare il mondo con le parole». Sappiamo bene che ci vuole ben altro, ma la lettura e il racconto del mondo intorno a noi influenzano il modo in cui lo percepiamo e, di conseguenza, condizionano le nostre azioni. «Le parole sono importanti» esclama il protagonista di *Palombella rossa* (Michele Apicella interpretato da Nanni Moretti), schiaffeggiando la giornalista che lo intervista con frasi retoriche ed espressioni approssimative.

Non mancano, nella storia, esempi di situazioni nelle quali le parole hanno fatto la differenza. Uno riguarda il Giappone all'indomani della Seconda guerra mondiale. Il Paese aveva conosciuto, nella seconda metà dell'Ottocento, uno straordinario processo di modernizzazione che ne aveva fatto – nel volgere di pochi decenni – una delle grandi potenze mondiali, al punto da potersi sedere al tavolo di Versailles. Era un esempio per le altre nazioni orientali che vi vedevano un modello di riscatto e un'alternativa alla passiva accettazione del colonialismo occidentale. Ma proprio quel successo – eminentemente tecnico e militare – aveva illuso il Giappone di poter diventare esso stesso una potenza coloniale. Queste ambizioni lo trascinarono nel gorgo del conflitto mondiale e ne fecero il primo (e auspicabilmente unico) Paese che ha sperimentato sul proprio territorio l'immensa distruzione della bomba atomica. All'indomani delle ostilità, il Giappone adottò una nuova Costituzione che, all'articolo 9, dispone: «Il popolo giapponese rinuncia per sempre alla guerra come diritto sovrano della nazione e alla minaccia e all'uso della forza come mezzo per risolvere le controversie internazionali». Il Primo ministro Kijuro Shidehara aveva raccontato che si trattava di una richiesta non negoziabile degli americani, ma non era vero: era stato lui stesso a volere quell'articolo, giocando di sponda con le forze armate alleate che avevano accettato di buon grado di fare da capro espiatorio. Come spiega lo scrittore Amin Maalouf, «Compiendo questo passo raro e radicale, Shidehara voleva porre fine una volta per tutte alle tentazioni militariste del suo Paese, in modo che potesse tornare a crescere su basi completamente diverse. Era una scommessa rischiosa, ma riuscì oltre ogni aspettativa. In pochi anni, il Giappone tornò a essere un modello per le altre nazioni. In modo meno appariscente di prima, ma incomparabilmente più costruttivo, più profondo e più duraturo». Il miracolo economico giapponese è legato proprio al cambiamento degli obiettivi strategici del Paese: non più imporsi come potenza geopolitica, ma perseguire la via della prosperità attraverso lo sviluppo economico. Col senno del poi, possiamo dire che il sovranismo militare giapponese aveva gettato le basi per il successo e, al contempo, la distruzione del Paese; viceversa, la sua straordinaria crescita postbellica lo ha reso un attore di primo piano dello scacchiere internazionale.

Un secondo esempio – vi abbiamo fatto riferimento più volte nel corso di questo libro – riguarda la nascita dell'Unione europea, la cui storia inizia con la firma a Parigi nel 1951 del Trattato che istituisce la Comunità europea del carbone e dell'acciaio. Anche in quel caso, uno sviluppo politico tanto imprevedibile quanto straordinario fu reso possibile da un radicale cambio nel registro del linguaggio utilizzato: i leader di Paesi che fino a poco tempo prima erano in guerra tra di loro o che, pur essendo alleati, nutrivano enormi reciproche diffidenze, si sforzarono di costruire un «mercato comune» – confidando che l'enfasi posta su queste due emblematiche parole fosse la premessa non solo della prosperità, ma anche della pace. Vi era la piena consapevolezza, infatti, che la crescita non può nascere dall'isolamento autarchico né dalla eterodirezione dell'economia da parte dello Stato.

Un terzo e ultimo esempio è molto più vicino a noi nel tempo e pertanto difficile da giudicare; quindi, saremo cauti nel rappresentarlo. Javier Milei, il presidente argentino che ha vinto le elezioni brandendo la motosega, è in verità un populista sui generis: nel discorso inaugurale tenuto alla Casa Rosada il 10 dicembre 2023, annunciò che «non c'è alternativa all'aggiustamento [fiscale e monetario] e non c'è alternativa allo shock. Ovviamente, questo colpirà negativamente i livelli di attività, di occupazione, i salari reali e il numero delle persone in condizione di povertà e di indigenza... Al tempo stesso, l'aggiustamento macroeconomico che dobbiamo affrontare sarà sempre meno doloroso man mano che il rischio Paese scenderà. E quanto più il nostro lavoro funzionerà, tanto più la situazione migliorerà. Quindi c'è una luce alla fine del tunnel». Al momento in cui scriviamo ci sono segnali incoraggianti, anche se è presto per dire come andrà a finire perché le incertezze sono ancora molte. In questa sede, comunque, non ci interessa soffermarci sull'efficacia delle politiche adottate, ma sul linguaggio utilizzato in campagna elettorale. Pur avendo diversi tratti del politico populista, Milei non ha cercato di inseguire gli elettori, preferendo dire verità scomode sulla situazione economica del Paese, sulle sue cause e sulla possibile via d'uscita, senza nasconderne i costi e i sacrifici. A rischio di essere impopolare e perdere le elezioni.

Sia chiaro: rifiutare la logica della guerra economica necessaria, non vuol dire essere accondiscendenti verso i prepotenti né accettare passivamente i soprusi. Significa riconoscere le situazioni per quello che sono, i rischi che ne discendono, i costi che comportano: ben sapendo che la difesa dell'ordine internazionale ha un valore in sé. Per questo, riteniamo che – accanto al rifiuto della guerra economica e del protezionismo – sia necessario prendere una posizione non ambigua sui vari conflitti che hanno messo a repentaglio la sicurezza globale, a partire dall'Ucraina. Aggredendo Kyiv, Mosca ha brutalmente calpestato regole che tutelano tutti noi. Riteniamo perciò che qualunque cedimento alle pretese di Mosca sia sbagliato e pericoloso. Ma da qui a trattare qualunque altro Paese alla stregua di un nemico, o qualunque esponente politico o intellettuale con idee diverse dalle nostre come se fosse un agente sobillatore, ce ne passa. È dunque necessaria più che mai l'apertura di un autentico dibattito pubblico, sottraendosi al diktat secondo cui le scelte sono obbligate. Serve responsabilità nell'uso, spesso gratuito, di una terminologia bellica per descrivere fatti che rientrano nella fisiologia della competizione economica (e giudizio nel soppesare le reazioni). Ed è necessario rifiutare la logica per cui *right or wrong, it's my Country* (giusto o sbagliato, è il mio Paese), che è il paravento dietro cui si celano i peggiori abusi.

A forza di parlare di conflitti, di ripetere che non possiamo fidarci degli altri e dobbiamo attrezzarci per farne a meno, di invocare insomma che l'economia sia riorientata *come se fossimo in guerra*, inevitabilmente prima o poi troveremo qualcuno che penserà che tanto valga andarci davvero in guerra. La strada per scongiurare i rischi peggiori è lunga e complessa. Serve spostare il dibattito su queste tematiche, fuggire dalle metafore ingannevoli e restituire alle cose il loro nome. A dispetto delle tante e insanabili differenze, una cosa univa i due arcirivali Keynes e Hayek: la convinzione che, nel lungo termine, la storia è mossa dalle idee. O, per parafrasare il titolo del libro più noto dello storico e filosofo americano Richard Weaver, «le idee hanno conseguenze».

Limitiamo i danni

Se le cose non possono cambiare fintantoché non cambia l'orientamento generale dell'opinione pubblica, nel breve termine i governi possono fare una sola cosa: limitare i danni ed evitare l'irreparabile; o quanto meno sforzarsi di non peggiorare ulteriormente la situazione, sottraendosi al gioco del Risiko. In parte, beninteso, l'ordine internazionale e l'economia globale posseggono gli anticorpi per frenare le derive peggiori. In fondo, le regole e le organizzazioni internazionali – seppure in disarmo – ancora esistono. E soprattutto, come abbiamo argomentato, in un'economia complessa e fortemente interconnessa il sovranismo può avere dei costi molto elevati anche nell'immediato, tali da frenare le iniziative più estreme. È questa la ragione per cui alcune esperienze sovraniste hanno prodotto meno danni di quello che avrebbero potuto: il governo gialloverde in Italia non ha potuto realizzare il suo devastante programma economico e persino la prima presidenza Trump ha lasciato pesanti strascichi sul piano politico, ma non ha di per sé sovvertito il sistema del commercio internazionale.

Pur accettando, con riserva, alcune preoccupazioni dei sovranisti, ci sono comunque delle cautele da adottare nelle politiche economiche nazionali per evitare o quanto meno rallentare la disgregazione dell'ordine internazionale. Talvolta non solo è possibile, ma è anzi conveniente trovare un punto di convergenza perché nessuno Stato da solo riuscirebbe ad assicurarsi il grado di sicurezza desiderato: transizione ecologica, materie critiche, energia sono temi di evidente interesse comune. Anche se di questi tempi non c'è grande volontà di cooperare – men che meno, in un quadro multilaterale – un sano egoismo dovrebbe indurre a cercare un minimo comune denominatore per garantirsi reciprocamente l'accesso a certe materie critiche essenziali per le tecnologie da cui tutti dipendiamo, o per collaborare a limitare i cambiamenti climatici, a favorire la transizione energetica. Più in generale, se proprio non si possono evitare le guerre commerciali, sarebbe quanto meno importante depurarle di ogni connotazione ideologica o politica, riportandole sul piano della presunta convenienza economica. Pur essendo le ragioni della sicurezza economica preponderanti, non sono le sole a motivare queste politiche. C'è anche alla base il normale desiderio di assicurarsi vantaggi nella competizione globale. Gli accordi devono, dunque, essere volti non solo a limitare i rischi geopolitici, ma anche a trovare un ragionevole compromesso sul piano economico che non frustri le ambizioni di crescita.

Abbiamo fatto nel corso del libro molti esempi, perché pensiamo che la storia possa davvero essere maestra, seppure con le mille differenze e peculiarità che contraddistinguono ogni epoca e ogni evento. Concludiamo, allora, con un ulteriore caso di pragmatismo che letteralmente si può dire abbia salvato il mondo. Nel lungo periodo che va dal 1945 al 1989 il pianeta si è diviso in due blocchi, ideologicamente, economicamente e militarmente contrapposti: quello filosovietico e quello filoamericano. C'è sempre stata una forte tensione che talvolta si è avvicinata pericolosamente al conflitto aperto. Eppure, le cose sono andate nel complesso bene, col senno di poi: gli scontri si sono svolti nell'ambito di teatri limitati e spesso senza un coinvolgimento diretto dei contendenti «veri» (cioè Mosca e Washington) oppure su terreni simbolici (come la corsa alla Luna). Oggi parliamo di guerra fredda perché la temperatura del potenziale conflitto non è mai salita oltre i livelli di guardia. Non siamo, per fortuna, stati travolti da una guerra in senso proprio, che avrebbe inevitabilmente trascinato tutti gli altri in un gorgo senza via di scampo. Dobbiamo ringraziare la saggezza delle classi dirigenti dei due blocchi che hanno compreso che nessuno avrebbe avuto nulla da guadagnarci perché l'inevitabile esito sarebbe stata la distruzione reciproca. Così, ci si mise d'impegno per tracciare dei confini che ciascuno si impegnava a non valicare, per esempio attraverso il Trattato contro la proliferazione delle armi nucleari (entrato in vigore nel 1970) o col Trattato contro i missili balistici (1972). In quel momento la contrapposizione tra le due parti era estrema, eppure, nonostante occasionali fughe in avanti di questo o quello seppero venire a patti sulle regole del gioco. La divergenza ideologica non poteva mettere a repentaglio la sopravvivenza.

Oggi ciò che differenzia i blocchi non è più l'ideologia e neppure l'etnia o la religione che pure sono parte del cocktail. È soprattutto la percezione del proprio interesse e la convinzione diffusa che l'uno può trarre vantaggi solo a scapito dell'altro. Per disinnescare la tensione, oltre alla battaglia culturale cui abbiamo fatto cenno nel paragrafo precedente, è necessario che i governi trovino degli accomodamenti per perseguire il proprio reale interesse economico: quasi sempre, infatti, giocare da soli produce meno benefici e più rischi che collaborare. Perfino la storia recente ce lo dimostra, se sappiamo leggerla in modo equilibrato. A dispetto dell'enfasi posta durante il Covid o la crisi energetica sulla necessità di riconquistare la «sovranità» per sottrarci alle fragilità delle catene internazionali del valore, sono proprio queste ultime – cioè, nel suo complesso, la globalizzazione – ad averci salvato. Tutti i beni da cui dipendeva il nostro benessere e che ci hanno consentito di riconquistarlo sono il frutto della cooperazione internazionale, così ampia che è pressoché impossibile comprenderne fino a fondo le ramificazioni: dalle mascherine ai vaccini, dalle energie rinnovabili al gas naturale liquefatto sono il frutto di invenzioni, idee, investimenti e accordi commerciali (prima che politici) ai quattro angoli del mondo.

Spesso abbiamo la tentazione di scambiare le nostre paure per un mostro oscuro, dal quale speriamo di salvarci anche al costo di evocarne uno peggiore. Forse questa è l'eco genetica dei nostri progenitori che, come diceva Hobbes, vivevano vite «solitarie, povere, brutali e brevi», in cui ci si poteva fidare solo del proprio vicino di posto nella caverna (e forse neppure di lui). Oggi il mondo è completamente diverso e abbiamo sviluppato istituzioni che ci aiutano a costruire fitti reticoli di scambi impersonali, in cui la nostra sicurezza non viene più dal rapporto diretto col vicino, ma dal sistema stesso. È comprensibile la tentazione di scambiare per una minaccia tutto ciò che non riusciamo a comprendere e controllare (a causa dei nostri inevitabili limiti cognitivi) e tornare a rinchiuderci nella caverna. Ma, diversamente dai nostri lontani progenitori, noi abbiamo accumulato un enorme capitale umano, che dovrebbe darci gli strumenti e il discernimento per comprendere dove stanno i veri rischi – oltre che i mezzi per proteggerci in modo più efficace e civile che facendo violenza a chi ci guarda storto.

Non dobbiamo cedere alla tentazione ancestrale di pensare che l'unica possibile strategia sia *mors tua vita mea*, ossia, fuor di metafora, che l'unica possibile scelta sia quella tra il sovranismo e la guerra. In tal caso, rileggendo Winston Churchill, se sceglieremo il sovranismo, avremo la guerra.

Bibliografia ragionata

Questo libro parla di economia di guerra e fa frequentemente riferimento al modo in cui l'attività economica cambia quando è il governo a indirizzarne gli obiettivi. Il caso meglio conosciuto e più studiato è la mobilitazione bellica dovuta alla Seconda guerra mondiale, in particolare negli Stati Uniti: una mobilitazione a cui molti attribuiscono benefici di lunghissimo termine legati, per esempio, allo sviluppo di nuove tecnologie che poi hanno trovato innumerevoli applicazioni. In realtà non è così: il costo opportunità delle risorse mobilitate è altissimo e, accanto ai risultati raggiunti, ve ne sono molti altri perduti e vari utilizzi possibili di risorse umane e finanziarie preziose non sono stati perseguiti a causa delle pressioni governative. Si veda al riguardo ALEXANDER J. FIELD, *The Economic Consequences of US Mobilization for the Second World War*, Yale University Press, 2022.

Per familiarizzarsi con la nozione di guerra economica si deve inevitabilmente prendere le mosse dal volume di BERNARD ÉSAMBERT, *La Guerre économique mondiale*, Olivier Orban, 1991. L'autore, infatti, è stato l'antesignano nell'utilizzo di questa espressione. Nel testo facciamo poi riferimento al celebre saggio di JEAN-JACQUES SERVAN-SCHREIBER, *La sfida americana*, Etas Kompass, 1967 (nella traduzione italiana, con prefazione di Ugo La Malfa).

Sulle guerre per la sovranità, in un'ottica statunitense, si veda STEWART PATRICK, *The Sovereignty Wars*, 2nd. ed., Council on Foreign Relations-Brookings Institute Press, 2019. Da leggere è poi l'acclamato libro di HENRY FARRELL, ABRAHAM NEWMAN, *Underground Empire,* Allen Lane, 2023, che spiega con chiarezza in cosa consista la *weaponization* e racconta come gli Stati Uniti si siano avvalsi di tutte le armi (improprie) di cui disponevano per mantenere la propria leadership globale.

La bibliografia che descrive i diversi campi di battaglia di cui si parla nel libro è vastissima. Ci limiteremo, pertanto, ad alcuni riferimenti più aggiornati.

Sul commercio internazionale, consigliamo anzitutto di consultare il sito dell'Organizzazione mondiale del commercio ove sono pubblicate numerose ricerche che forniscono evidenze empiriche sugli effetti della liberalizzazione degli scambi. Per ulteriori approfondimenti, un buon punto di partenza è il recente paper di DOUGLAS A. IRWIN, *Does Trade Reform Promote Economic Growth? A Review of Recent Evidence,* The World Bank Research Observer, 2024. Sui conflitti che riguardano il commercio internazionale può invece leggersi KEN HEYDON, *The Trade Weapon*, Polity Press, 2024. L'autore – un ex funzionario del governo australiano e dell'OCSE – ha acquisito una significativa esperienza sul campo e illustra, con molte utili esemplificazioni, le molteplici distorsioni causate dalla *weaponization* del commercio internazionale.

Per acquisire un'approfondita conoscenza del mondo dei semiconduttori, con una prospettiva storica, e comprendere la guerra in atto tra Cina e USA non può prescindersi dal libro di Chris Miller, *Chip War*, Simon & Schuster, 2022.

Sulla transizione ecologica e la strumentalizzazione degli obiettivi ambientali ad altri fini – inclusi quelli protezionistici – la letteratura è pressoché sterminata. Un lavoro un po' datato, ma ancora attuale nei suoi riferimenti generali, è il brillante libro a cura di Dieter Helm e Cameron Hepburn, *The Economics and Policy of Climate Change*, Oxford University Press, 2009. Helm è tornato sul tema più volte, l'ultima delle quali con *Legacy: How to Build the Sustainable Economy*, Cambridge University Press, 2024. Una presentazione sintetica ed efficace degli enormi problemi – ma anche della necessità – di ridurre le emissioni è fornita in Lorenzo Forni, *Net Zero*, il Mulino, 2023. La Economist Intelligence Unit ha pubblicato un'accurata analisi del fenomeno, intitolata *Climate ambitions threaten a new wave of trade protectionism* (2023). Sullo stesso tema, con particolare riferimento all'Inflation Reduction Act statunitense, la lettura di riferimento è il *paper* di Daniel Gros, Philipp-Leo Mengel, Giorgio Presidente, *The EU and the US Inflation Reduction Act: No Rose Without Thorns*, Institute for European Policymaking presso l'Università Bocconi, 2023. Per mettere le transizioni energetiche in una prospettiva di lungo termine, suggeriamo il magnifico libro di Vaclav Smil, *Energia e civiltà: una storia*, Hoepli, 2021.

In relazione alla guerra per le materie prime, si veda Giovanni Brussato, *Cina, la nuova egemonia: la guerra dei metalli rari*, Guerini e Associati, 2024, che pure offre una interpretazione forse troppo pessimista.

Sull'importanza dei dati nella società moderna si veda il provocatorio e per certi versi distopico libro di Shoshana Zuboff, *The Age of Surveillance Capitalism*, Profile Books, 2019. Sulle guerre per il controllo dei mercati digitali (dati e piattaforme tecnologiche) consigliamo invece il libro di Anu Bradford, *Digital Empires*, Oxford University Press, 2023, che non solo fornisce un'ampia ricostruzione della regolamentazione negli Stati Uniti, nell'Unione europea e in Cina, ma anche dei conflitti in atto tra queste potenze.

Sull'intelligenza artificiale, spesso assistiamo a una narrativa millenaristica, secondo cui la strategicità di tale tecnologia – e la ragione per cui nessun Paese può esporsi alla dipendenza da terzi – dipende dal fatto che presto l'AI potrebbe sostituire il lavoro umano. Queste e altre visioni distopiche vengono discusse in Jobst Landgrebe, Barry Smith, *Why Machines Will Never Rule the World: Artificial Intelligence without Fear*, Routledge, 2022. Si veda anche il recente libro di Parmy Olson, *Supremacy*, Macmillan, 2024, che descrive la competizione tra Google Deep Mind e OpenAI, raccontando le ossessioni dei due fondatori per costruire a ogni costo un sistema di intelligenza artificiale generale.

Nel libro si parla spesso della conflittualità per la supremazia economica e tecnologica tra Stati Uniti e Cina su cui si può leggere David Daokui Li, *China's World View. Demystifying China to Prevent Global Conflict*, W. W. Norton &

Co., Inc., 2024. Per comprendere la storia recente e gli obiettivi strategici della Cina si rinvia al classico libro di HENRY KISSINGER, *Cina*, Mondadori (l'ultima edizione è del 2023) e RONALD COASE e NING WANG, *Come la Cina è diventata un paese capitalista*, IBL Libri, 2016.

Abbiamo più volte fatto riferimento nel libro agli errori commessi al termine della Prima guerra mondiale che, unitamente alle guerre commerciali e valutarie degli anni Trenta, hanno costituito la premessa per lo scoppio della Seconda guerra mondiale. Al riguardo fondamentale è il saggio di JOHN M. KEYNES, *Le conseguenze economiche della pace*, Adelphi, 2016. Sulla situazione della Germania e le motivazioni di ordine economico che l'hanno spinta verso il conflitto si veda ADAM TOOZE, *Il prezzo dello sterminio. Ascesa e caduta dell'economia nazista,* Garzanti, 2008. Per una prospettiva sul dibattito interno e gli errori in Paesi quali il Giappone, la Cina e l'ex Unione Sovietica, un'ottima lettura è il saggio di AMIN MAALOUF *Il labirinto degli smarriti: l'Occidente e i suoi avversari*, La nave di Teseo, 2024.

Sul ritorno dello Stato in economia si legga GIULIANO AMATO, *Bentornato Stato, ma,* il Mulino, 2022; sul rapporto tra Stato e mercato, CLAUDIO DE VINCENTI, *Per un governo che ami il mercato*, il Mulino, 2024. Per una critica argomentata al «neoliberalismo» consigliamo la riflessione di VITO TANZI, *Monitoring the State or the Market: From Laissez Faire to Market Fundamentalism*, Cambridge University Press, 2023. Mentre sui meriti e le fondamenta del successo delle istituzioni di mercato, suggeriamo di leggere i lavori di EDMUND PHELPS, *Mass Flourishing*, Princeton University Press, 2015 e

EDMUND PHELPS, RAICHO BOJILOV, HIAN TECK HOON, GYLFI ZOEGA, *Dynamism: The Values That Drive Innovation, Job Satisfaction, and Economic Growth*, Harvard University Press, 2020. Contro la politica industriale e la retorica dello Stato innovatore, si può leggere DEIRDRE MCCLOSKEY, ALBERTO MINGARDI, *The Myth of the Entrepreneurial State*, AIER, 2020. Sempre di DEIRDRE MCCLOSKEY, suggeriamo la trilogia composta da: *The Bourgeois Virtues: Ethics for an Age of Commerce*, University of Chicago Press, 2007; *Bourgeois Dignity: Why Economics Can't Explain the Modern World*, University of Chicago Press 2011; *Bourgeois Equality: How Ideas, Not Capital or Institutions, Enriched the World*, University of Chicago Press, 2017.

Nel corso del libro abbiamo spesso fatto riferimento alla «mentalità dell'emergenza» e alla crisi permanente che sembra caratterizzare molto del nostro discorso pubblico. Un libro molto interessante – che pure muove da una prospettiva assai critica sul «neoliberismo» – è quello di ALESSANDRO COLOMBO, *Il governo mondiale dell'emergenza*, Raffaello Cortina, 2022. Anche il best seller del vicepresidente americano J.D. VANCE, *Elegia americana*, Garzanti, 2017 è utile per comprendere le ragioni del risentimento che cova nei Paesi occidentali e che ha portato a una reazione contro l'ordine neoliberale. Sui costi e i benefici dell'immigrazione, JOSS SHELDON, *Freedom: The Case for Open Borders*, Sheldon, 2024.

Una delle tesi sostenute in questo libro è che le scelte istituzionali possono avere conseguenze enormi, sia sulla crescita economica, sia sulla propensione dei Paesi a scambiare anziché a depredare. Anche su questo tema c'è l'imbarazzo della scelta: i grandi classici di cui non si può fare a meno sono DOUGLASS C. NORTH, *Institutions, Institutional Change and Economic Performance*, Cambridge University Press, 1991 e il best seller dei due vincitori del Premio Nobel per l'economia 2024, DARON ACEMOGLU e JAMES A. ROBINSON, *Perché le nazioni falliscono. Alle origini di potenza, prosperità, e povertà*, il Saggiatore, 2013. Una delle caratteristiche più importanti delle istituzioni di mercato è la natura impersonale dello scambio – che rende possibile una cooperazione su scala molto più ampia che in passato, quando le relazioni erano essenzialmente dirette e personali – come spiega BENITO ARRUÑADA nel suo classico *Institutional Foundations of Impersonal Exchange: Theory and Policy of Contractual Registries*, University of Chicago Press, 2012.

Per approfondire la tematica dell'innovazione – una delle questioni più rilevanti al giorno d'oggi – segnaliamo GIOVANNI BATTISTA ZORZOLI, *Gli errori fecondi. Come uno sbaglio può contribuire al progresso*, il Mulino, 2024 e CALESTOUS JUMA, *Innovation and Its Enemies: Why People Resist New Technologies*, Oxford University Press, 2016.

Poiché il nesso tra politiche economiche interventiste, conflittualità esterna e perdita della libertà interna è il filo conduttore di questo libro, non possiamo non rinviare a tre grandi classici che hanno affrontato *ex professo* questi temi fondamentali: KARL R. POPPER, *La società aperta e i suoi nemici*, Armando Editore (la più recente edizione è del 2018); FRIEDRICH HAYEK, *La via della schiavitù*, Rubbettino (la più recente edizione è del 2011), e LUDWIG VON MI-

SES, *Lo Stato onnipotente*, Edizioni Società Aperta (la più recente edizione è del 2021).

Da ultimo, ci permettiamo di segnalare il nostro *Contro il sovranismo economico*, Rizzoli, 2022.

Ringraziamenti

Questo libro è il risultato di molti anni di riflessioni. Dunque, siamo in debito con i tanti interlocutori e amici ai quali, nel corso del tempo, abbiamo manifestato le nostre sempre crescenti preoccupazioni, con i quali ci siamo confrontati sui temi di loro competenza e che ci hanno incoraggiato a intraprendere il lavoro. Sarebbe difficile menzionarli tutti, però desideriamo ringraziare in particolare coloro che hanno letto e commentato la bozza iniziale del libro, fornendoci preziosi suggerimenti per arricchire il testo e spunti critici per mettere in discussione le nostre tesi: Giuliano Amato, Giancarlo Bosetti, Franco Debenedetti, Ferruccio De Bortoli, Manlio Frigo, Lucia Martinozzi, Alberto Mingardi, Andrea Monti, Fabrizio Pagani e Giovanni Viafora.

Indice dei nomi

Finito di stampare nel mese di febbraio 2025
per conto di RCS MediaGroup S.p.A.,
da Rotolito S.p.A., Via Sondrio, 3, Pioltello (Milano)
Printed in Italy